SOUPE DE CAPUCINE ET YUCCA FARCI

Dépôt légal : avril 2021
ISBN : 978-2-603-02777-6

Conception graphique et mise en pages : Monique Wender
Préparation : Monika Gabbay
Correction : Sandrine Harbonnier
Couverture : Monique Wender
Photograveur : Nord Compo
Responsable éditorial : Michel Larrieu
Éditrice : Jeanne Cochin
Fabrication : Carine Ruault
Achevé d'imprimer en avril 2021 sur les presses de Graphycems (Espagne)

MIXTE
Papier issu de sources responsables
FSC® C007507
FSC www.fsc.org

NOÉMIE VIALARD ● STÉPHANE HOULBERT

SOUPE DE CAPUCINE ET YUCCA FARCI

DANS MON JARDIN, TOUT SE MANGE

DELACHAUX
ET NIESTLÉ

SOMMAIRE

PRÉFACE

ERRARE HUMANUM EST

Peut-être êtes-vous dans le même cas, moi je dois bien reconnaître qu'habituellement je n'aime pas tellement avoir tort. Or, je dois avouer que, avec ce livre, Noémie et Stéphane me donnent tort. Pas un petit peu, pas sur les bords comme ça en passant. Non. Ils y vont franchement, insistant tout au long des pages qui suivent sur l'erreur que je commettais en affirmant que, hors du jardin potager, il n'est point de salut. Quel plaisir, quelle jubilation parfois de se tromper ! Moi qui, dans un monde où la surface de terre cultivable se réduit comme peau de chagrin sous la pression d'une urbanisation galopante, clamais volontiers à qui voulait l'entendre mes réticences à la promotion de jardins d'ornement, en rappelant que, si l'être humain ne peut vivre sans beauté, il ne peut pas non plus vivre sans manger. Or, jusque maintenant dans nos contrées dites civilisées, l'un se fait un peu trop au détriment de l'autre à mon goût, ce qui avait une certaine tendance à me fâcher.

Ceci étant posé, que faire ? On se dispute ? On se chamaille ? On s'invective en faisant s'affronter ces deux visions, jardin nourricier *versus* jardin d'agrément ? Et si on se retrouvait plutôt autour d'un bon petit plat pour en parler tranquillement ? Voici ce que nous proposent Noémie et Stéphane dans ce livre. Alors, quand le plaisir et la magie de partager les trésors de son jardin, quelle que soit sa vocation première, sont là, quand les plats fument et que la bouteille est bien fraîche, on s'aperçoit très vite qu'il est doux de faire disparaître les frontières.

La réunion de deux mondes, qu'après tout rien n'oppose puisqu'on y retrouve le même amour des plantes, est source de joie, de découvertes, d'émerveillement. Être ensemble, jardiniers et jardinières avant tout, *avec* et non plus *contre*, ne serait-ce pas là le plus beau des projets ? Quel plus superbe ambassadeur qu'un arbre ou plus délicieuse ambassadrice qu'une jolie plante ? L'usage simplifie, étiquette, catégorise. Mais après tout, pourquoi avons-nous rangé, comme dans le tiroir

1. Oui, je sais, j'avais promis à Noémie et à Stéphane de ne pas faire de jeux de mots douteux, ce sera le seul, c'est promis.

d'une commode, les croquants *Sedum spectabile* dans les plantes d'ornement, et les lumineuses bettes à cardes de couleur dans les potagères ? Et si nous la vidions un peu cette commode bien pratique[1], pour s'apercevoir que la nature est bien plus généreuse que le simpliste et tellement restrictif dualisme, *c'est beau* ou *ça se mange*.

Bref, la lecture de *Soupe de capucine et yucca farci* m'en a définitivement convaincu, je me suis trompé. Reprenons alors la citation du titre mais dans son intégralité cette fois, *Errare humanum est, perseverare diabolicum* qu'on peut traduire par « Se tromper est humain, persévérer dans son erreur, diabolique ». Alors, sans vouloir à tout prix mêler dieu ou diable à nos belles histoires de plantes, peut-être pouvons-nous, comme nous y invitent Noémie et Stéphane, faire prospérer dans nos jardins au moins un des sept péchés capitaux : la gourmandise. Lors, puisque nous ne sommes plus à ça près, pourquoi ne pas ajouter une pincée d'un second péché : l'orgueil ? N'en déplaise, il est bon de ressentir un petit peu d'orgueil ou au moins de fierté grâce à ce livre qui nous offre à nous surprendre et à nous régaler ; à notre tour, nous aurons appris à mieux connaître, cuisiner et savourer les plantes de nos jardins. Manifester un brin d'orgueil n'est-il pas bien pardonnable après tout, quand il a pour objet la gourmandise et le plaisir de mieux partager ensuite tous ces dons de la Nature ?

Xavier Mathias

Si le parfum du lilas est connu, sa saveur l'est moins… et pourtant…

AVANT-PROPOS

CROQUER SON JARDIN D'ORNEMENT

DE LA PELOUSE À L'ARBRE

Pour une gourmande et curieuse, glaneuse-née, composer un jardin d'ornement où tout se mange – de la pelouse à l'arbre en passant par la haie et les massifs, sans oublier les indispensables sauvageonnes – n'est pas qu'un rêve. Je mets ce précepte en application chez moi comme chez les amis. Mon souhait ? Vous guider à travers ces pages, dès la création ou à la reprise de votre jardin traditionnel, afin que vous le transformiez en jardin d'*Alice au pays des merveilles*. Le but est que vous me lâchiez vite la main, afin de faire un lieu qui vous ressemble.

Arbustes, vivaces, annuelles, grimpantes et bulbeuses font la part belle à la biodiversité nécessaire à la création d'un espace cultivé au naturel. Concevoir un jardin élégant en oubliant les végétaux qui n'ont pas une utilité alimentaire est un challenge amusant.

Ces végétaux comestibles peuvent l'être par les racines, les feuilles, les fleurs, les graines. Partir d'un jardin tout nu, partir de rien, c'est l'idéal. En effet, quelle chance d'inscrire votre avenir jardinier et celui de votre famille sur cette page blanche. Mais c'est aussi extrêmement passionnant d'agir dans un jardin déjà composé, en ajoutant ou remplaçant, au fil des mois, au fil des ans, les végétaux existants par des plantes qui se mangent ou se boivent.

Avoir à portée de main, toute l'année, des friandises, des herbes, des fruits, des épices à récolter pour transcender les recettes habituelles, en étant en accord avec la nature, c'est pratique, c'est bon pour le porte-monnaie, et c'est surtout très amusant, même jouissif.

J'ai choisi les végétaux que j'utilise et conseille fréquemment, mais ce florilège est loin d'être exhaustif. Je privilégie les plantes s'installant pour longtemps, vivaces ou annuelles se ressemant d'elles-mêmes, pour un jardin facile à vivre. Même le potager met en valeur les légumes perpétuels ou ceux qui ne demandent pas des semis réguliers.

Bien entendu, je cuisine, et j'aime ça, et je vous donne, pour chaque plante, une recette vite faite, ou plutôt des pistes pour que vous

laissiez libre cours à vos envies et à votre imagination. Mais surtout, Stéphane, un ami complice, a concocté rien que pour vous quelques plats exquis, et très beaux !
À vous de jouer, en prenant des chemins de traverse ou en nous suivant pas à pas.
La gageure, le défi ? Refuser dans votre jardin toute plante non comestible ! On y va ?

NOÉMIE VIALARD

Je ne suis pas cuisinier de métier, mais cuisiner est ma passion. Cuisiner les bons produits est une nécessité, cuisiner les herbes sauvages est un bienfait, cuisiner mon jardin tout entier est transcendant.
Depuis ma rencontre avec Noémie, je m'intéresse, en plus des légumes de mon potager, aux végétaux que Dame Nature m'offre chaque fois que je foule champs et forêts et farfouille dans les haies sauvages. Un monde insoupçonné s'est ouvert à moi grâce aux sauvageonnes et aux fleurs de jardin comestibles.
Mais imaginer un jardin d'ornement où TOUT se mange au fil des mois, des arbustes aux herbes et jusqu'aux vivaces des massifs, sans oublier les baies et les fruits, quel challenge !
Quotidiennement, le jardin me fait découvrir de nouvelles saveurs, me permettant ainsi de concocter des plats en adéquation avec les saisons.
Je me suis adonné à ce petit jeu : cueillir – en étant assuré que c'est comestible et non toxique ! – feuilles, fleurs, tiges, racines et graines, dans mon jardin et dans celui de Noémie, et réaliser quelques recettes mettant en scène cette diversité. Tout en gardant mes habitudes de trouver au jour le jour les produits de la terre et de la mer auprès de producteurs locaux, pour les associer à ces cueillettes.
Ce livre est fait pour que vous contiez votre histoire de jardin, qu'il soit proche de vos mains et de votre cuisine. Suivre la nature, prendre ce qu'elle nous offre et imaginer de nouveaux plats est un jeu dont je ne me lasse pas. Voir grandir son jardin, c'est le laisser se raconter et nous offrir des vibrations, des senteurs, des saveurs et des couleurs qui vont s'exprimer jusque dans notre assiette.
Cette cuisine de l'instant que je transmets en toute simplicité doit non seulement vous inciter à suivre les recettes mais aussi vous inspirer, afin que vous les transformiez suivant vos envies et votre imagination. Tout est une question de patience et d'envie, envie de découvrir, de faire plaisir. Le plaisir d'apporter à vos convives une nature gourmande et pleine de goûts différents.
L'important est de manger son jardin !

STÉPHANE HOULBERT

UNE HAIE VIVANTE... ET GOURMANDE !

Vous arrivez dans un jardin tout nu ? Commencez par planter la haie, afin de vous sentir plus rapidement chez vous. Privilégiez la haie mélangée. Bien organisée, c'est déjà un jardin à elle toute seule, car vous pouvez multiplier les essences et ainsi échelonner les périodes de cueillette.

De nombreux petits arbres ou arbustes d'ornement nous offrent des baies amusantes à grignoter sur place ou à transformer en desserts. Attention, certaines ne sont comestibles que cuites, en compotes ou en confitures, comme celles du sureau, du sorbier des oiseleurs ou du mahonia. Crus ou cuits : les fruits de l'aronia, de l'amélanchier, des pommiers d'ornement, de l'arbousier. Et n'hésitez pas à faire de la gelée avec... les fruits du cognassier du Japon !

Le sureau se décline en plusieurs variétés, toutes appréciées en haie naturelle.

Les haies uniformes que l'on a vues et revues pendant des décennies sont oubliées petit à petit. Pour leur manque de vie mais aussi pour les maladies qu'elles engendrent, elles sont de plus en plus souvent remplacées par des haies variées.

En effet, il suffit qu'un parasite s'installe sur un arbuste où toutes les plantes sont semblables pour qu'elles soient toutes touchées. Plus il y a de la diversité au jardin, moins il y a de problèmes sanitaires.

Inspirée de la haie bocagère, la haie variée met en scène des végétaux qui, se succédant, la rendent décorative et généreuse en cueillettes douze mois sur douze, si l'on prend le parti de la rendre gourmande. Installer une haie vive, c'est respecter la nature environnante, introduire des espèces en harmonie avec la végétation du lieu, prêtes à accueillir les petits animaux du jardin.

La haie mélangée, en plus de l'intimité qu'elle procure, est un excellent coupe-vent, bien plus qu'un mur étanche où le vent se cogne et tourbillonne. Et dans un tout petit jardin, elle permet d'installer des arbustes qui n'auraient pas leur place dans le jardin lui-même. Les plantes s'y mélangent, foisonnantes, vibrent au moindre souffle, bourgeonnent, arborent des brassées de branches fleuries et de baies colorées, renouvelant les plaisirs tout en formant un écrin protecteur. Très vite, la petite faune s'y installe, trouvant gîte et couvert.

Jouez sur les périodes de floraison et de fructification, choisissez un persistant pour deux ou trois caducs. Pour vivre au rythme des saisons, le choix des plantes est affaire de bon sens et d'un minimum de réflexion.

Des arbustes hauts de 2 à 3 m (certains arbustes se hissent, voulant parfois ressembler aux arbres, à vous de les traiter comme vous les désirez), des floraisons échelonnées, des parfums, des feuillages d'automne somptueux, des baies riches en couleurs qui nourrissent les oiseaux et les écureuils (et vous !), des écorces colorées, et votre jardin voit la vie en camaïeu de vert et en multicolore.

Pour que ces plantations restent naturelles, ne faites pas de haie échantillon : retrouvez

de-ci de-là quelques arbustes de référence. Choisissez des arbustes à silhouettes différentes : une forme ronde à côté d'une forme élancée, puis une souple… Plantez entre novembre et mars les arbustes à racines nues, toute l'année ceux élevés en conteneur. Dans une bonne terre bien préparée, installez les arbustes serrés : 1,5 à 2 m en moyenne, contre 2 à 2,5 m en massif. Faites de grands trous (60 cm en tous sens au minimum) et ajoutez du compost. Arrosez et paillez après la plantation, sur 10 à 15 cm.
Surveillez l'arrosage la première année. La taille devient un plaisir si vous faites des bouquets toute l'année, en équilibrant les silhouettes. Sinon, une seule et très légère intervention par an suffit, suivant la végétation de chaque arbuste ; allégez la ramure des plantes trop vigoureuses qui « mangent » les voisines et éliminez le vieux bois, ou ne coupez pas du tout pour laisser le maximum de naturel à la végétation. En rappel, si vous devez tailler, procédez au printemps : en mars pour les arbustes épanouis en été ; et après la floraison pour ceux fleurissant en hiver ou au printemps. Si l'un donne des signes de faiblesse, n'hésitez pas à le receper, en coupant presque à ras, en mars.

Le sureau sauvage fructifie pour le bonheur des oiseaux… et des gourmands !

PORTRAITS CHOISIS

Arbousier
Arbutus unedo

Qu'il est beau, cet arbuste à feuillage persistant lorsqu'il se couvre, à la fin de l'automne, d'une multitude de ravissants fruits rouges, ronds et comestibles. D'où le surnom de « arbre à fraises » que l'on donne à l'arbousier.

Son look

Typique du maquis corse, il peut se cultiver dans de nombreuses régions, là où les températures ne descendent pas en dessous de –15 °C. Dans son habitat, il mesure de 7 à 8 m de haut. Son tronc s'exfolie en lamelles rouge brique. Les jeunes rameaux brun-rouge sont garnis de petites feuilles épaisses, brillantes, au pétiole teinté de rouge. Un autre attrait de cette plante, ce sont les nombreuses grappes pendantes de petites clochettes ivoire, s'épanouissant en même temps que les fruits mûrs, souvent sur les mêmes rameaux, car elles mettent un an avant de donner des arbouses à maturité. Sa silhouette élégante et son feuillage persistant en font un must pour les haies.

En prendre soin

L'arbousier s'intègre aux haies naturelles et fait de l'effet en fond de massif comme en isolé. Son port dense, impénétrable, en fait une barrière naturelle très agréable ; comme il supporte parfaitement bien les embruns, vous pouvez l'utiliser comme brise-vent en bord de mer. Plantez-le au soleil, en tout bon sol drainé. Arrosez-le pendant l'année qui suit la plantation, ensuite, c'est un chameau ! S'il prend trop de place et que vous deviez rééquilibrer sa silhouette, taillez en mai, en prenant garde à ne pas supprimer trop d'épis portant les fruits en devenir. Préférez la variété 'Compacta' qui ne dépasse pas 3 m en tous sens. Sa fructification est abondante, et la cueillette se fait facilement. Les fleurs sont blanches, mais il existe une sélection à fleurs roses.

Si l'arbousier est rustique jusqu'à –15 °C, pour qu'il donne des fruits, les hivers doivent être doux. Il est prolifique dans les jardins de bord de mer, mais souvent sans fruits dans d'autres régions. Avec le réchauffement climatique, cela risque de changer…

Partie comestible

Les fruits, des baies de 1 à 2 cm de diamètre.

Récolte

Les baies sont mûres entre octobre et décembre, lorsqu'il n'y a pratiquement plus de fruits au jardin.

À table

C'est vrai, le goût des arbouses n'a rien d'exceptionnel, mais quel plaisir de grappiller ces baies charnues en fin d'automne ! La chair, riche en vitamine C, est molle, un peu farineuse, acidulée et sucrée, et contient de nombreux petits pépins. J'essaie de ne pas tout manger sur place, afin d'en ajouter à une salade de fruits. Je les sers aussi en dessert, juste cuits quelques minutes en compotée. Elles sont ravissantes en décoration de plat, sucré ou salé, et se prêtent à la confection de liqueurs et de confitures. Un plus ? Les oiseaux les ignorent, tout au moins dans mon jardin… alors qu'ils pillent mon cerisier et mon figuier !

MA COMPOTÉE D'ARBOUSES

- **1 kg d'arbouses bien mûres**
- **150 g de sucre en poudre**
- **5 cl d'eau**
- **2 citrons non traités**

Lavez et égouttez les arbouses. Placez-les dans une jatte. Ajoutez le sucre en poudre et le jus des citrons, puis mélangez jusqu'à ce que les fruits soient enrobés de sucre. Ajoutez l'eau, remuez, versez dans une casserole, puis mettez à feu vif. Dès qu'il y a ébullition, arrêtez le feu, remuez et laissez refroidir, en couvrant. Cette compote se congèle très bien, en bocaux de verre.

Laurier-sauce
Laurus nobilis

Avec son feuillage persistant et son port dense, le laurier-sauce est parfait pour s'intégrer à une haie, surtout qu'il se taille au bon vouloir du jardinier

Son look

Ce petit arbre, au feuillage vert sombre, persistant, vernissé et très odorant, prend naturellement une silhouette conique, très élégante, un port parfait. Il peut atteindre 10 m de haut. Il fleurit en petites boules ivoire, comme du mimosa, en mai, suivies, en automne, par des fruits ressemblant à des olives. Il ne faut pas les consommer, car ils

UN BRUIT QUI COURT

Bien souvent, trop souvent, on entend dire que le laurier-sauce est toxique lorsqu'il est frais et qu'il faut absolument le consommer lorsqu'il est sec. Bien entendu, c'est inexact. Cela vient peut-être d'une confusion avec le laurier rose qui, lui, est très toxique ? *Laurus nobilis* contient à faible dose des alcaloïdes toxiques qui se dissipent au cours du séchage. Utilisée en petite quantité dans la cuisine, la feuille fraîche du laurier-sauce n'a pas d'incidence sur la santé.

VOUS N'AVEZ QU'UNE TERRASSE ?
Au jardin, il peut atteindre 10 m de haut. Mais comme il se taille parfaitement, il peut être adopté partout, poussant même en pot. Grâce à son feuillage persistant, il est attractif toute l'année et reste très touffu, se prêtant à toutes les topiaires : pyramide, boule, sur tige...

sont toxiques. Les grandes feuilles, coriaces, s'utilisent, fraîches ou sèches, en cuisine, dans les plats mijotés.

En prendre soin

Plantez-le au soleil, en sol léger, drainé, même calcaire, à l'abri des vents dominants. S'il se plaît, il se ressème. Pas à outrance, mais on découvre un bébé par-ci par-là. J'en offre un ou deux par an à des amis, ces semis spontanés se repiquant très facilement. Le laurier-sauce est rustique jusqu'à -15 °C, mais il est possible que le feuillage gèle parfois. Ce n'est pas grave, la plante repart de plus belle au printemps, reperçant sur le bois.

Partie comestible

Les feuilles.

Récolte

Toute l'année.

À table

Le laurier-sauce est une aromatique au goût très puissant. On ne mange pas les feuilles, on les utilise pour parfumer et distiller leur saveur épicée, amère, balsamique. Fraîches ou sèches, dans les plats mijotés, usez-en avec parcimonie : une, voire deux ou trois feuilles suffisent.

LE LAURIER-SAUCE, FAITES-EN TOUTE UNE HISTOIRE
Baccalauréat... Quel lien avec cette plante ? Des couronnes ! Les fameuses couronnes de laurier récompensaient les brillants étudiants de l'Antiquité. En latin, laurier se traduit par *laureat*, et les baies par *bacca* ! Voilà !

Aronia
Aronia melanocarpa

C'est avant tout pour son sublime feuillage automnal que l'on plante un aronia. En effet, ce petit arbuste porte des feuilles simples, caduques, devenant rouge vif dès septembre. Mais il ne faut pas négliger les mignonnes baies noires.

Son look

Cet arbuste buissonnant, très rustique, au port légèrement étalé, ne dépasse pas 2 m de haut. Au printemps apparaissent de petites fleurs blanches ou rosées, groupées en corymbes. Les plantes, autofertiles, peuvent être plantées à l'unité si l'on veut obtenir des fruits.

En prendre soin

L'aronia préfère le plein soleil, ses couleurs automnales y étant plus vives et sa floraison plus abondante, mais il peut pousser à mi-ombre. Tout bon sol équilibré lui convient. Apportez du compost à la plantation, puis paillez après avoir arrosé. Renouvelez le paillage, apportez du compost une fois par an si votre sol est pauvre.
La taille n'est pas nécessaire. En mars, ôtez le bois mort, aérez le centre de la touffe et supprimez une branche ancienne ou deux, pour rajeunir l'arbuste.

Partie comestible

Les baies.

Récolte

En fin d'été et début d'automne.

À table

Ces baies, riches en antioxydants, se consomment fraîches dans les salades de fruits, sèches ou cuites en confitures. Les oiseaux les apprécient également, bien qu'elles soient astringentes et un peu acides. Cuites, elles ont une saveur de cassis, agréable pour accompagner les viandes. On utilise leur jus pour teinter vin, bonbons et sauces.

D'AUTRES ARONIAS

Aronia arbutifolia **est un buisson de 1,5 à 2 m de haut, coloration vermillon à l'automne, baies rouges, sucrées.**
Aronia prunifolia **'Viking' est un arbuste très décoratif dont le feuillage vire au rouge violacé en automne. Les gros fruits noirs sont particulièrement goûteux.**

Lilas
Syringa spp.

Aucun jardin ne peut se passer de lilas. Son parfum, sa facilité de culture, sa rusticité et ses emplois divers lui valent une place de choix.

Son look

Sa qualité la plus appréciée n'est-elle pas son parfum, unique, enivrant ? Une senteur à part entière, qui ne tient qu'à lui, florale et épicée, avec sa propre particularité, sans rien emprunter à un autre végétal.
Si le lilas reste l'un des symboles phares des jardins printaniers, il est aisé de sortir des sentiers battus tant le choix est large. *Syringa vulgaris* – c'est le nom scientifique de notre lilas commun – se décline en de multiples variétés, à fleurs simples ou doubles, dans des coloris allant du blanc au pourpre.
Il existe des lilas dépassant à peine 1,5 m, tel l'indispensable *Syringa microphylla* 'Superba', qui a la particularité de fleurir, en panicules légères, en mai, puis en fin d'été et en automne. Sentir le lilas au mois d'août me semble toujours un petit miracle.

En prendre soin

Il pousse vite et est facile à placer, en isolé ou en haie libre. Il a une préférence pour les terres fraîches, drainées et fertiles, neutres ou calcaires. Pour lui conserver une bonne floribondité et une allure élégante, cueillez d'énormes brassées, pour décorer la maison. Après la floraison, supprimez les branches défleuries et le bois mort. Ôtez les rejets.

Partie consommable

Les fleurs.

Récolte

Avril-mai. Et août-septembre pour *Syringa microphylla* 'Superba'.

À table

Avez-vous peut-être suçoté, enfant, ces fleurs sucrées, à la saveur délicate. En cuisine, elles parsèment joliment les salades, salées ou de fruits. Mais c'est en boisson qu'on les apprécie particulièrement, surtout dans leur coloris… lilas !

LE SIROP DE LILAS MAISON

POUR 50 G DE FLEURS, IL VOUS FAUT

- **50 cl d'eau de source**
- **¼ de citron bio**
- **500 g de sucre roux**

Mettez les fleurs et le citron coupé finement dans l'eau bouillante, laissez infuser 15 min, filtrez, en pressant légèrement les fleurs. Ajoutez le sucre, mettez à chauffer à feu doux pendant 15 min, en remuant. Versez ce sirop aussitôt dans une bouteille stérilisée. Laissez refroidir. Conservez ce flacon au réfrigérateur. Si ce sirop peut se consommer en boisson, mélangé à de l'eau, je l'utilise surtout pour apporter une saveur raffinée à un laitage ou pour sublimer une salade de fruits.

Lyciet
Lycium barbarum

Bien rustique, cet arbuste au port un peu fouillis nous offre des fruits très « tendance », auxquels on attribue de nombreux pouvoirs : les baies de goji.

Son look

Avec un port indéterminé, des tiges arquées, voire retombantes, cette plante de 2 à 3 m de haut apporte de la fantaisie à la haie, tout en étant défensive, car les rameaux sont légèrement épineux sur le vieux bois. Le petit feuillage caduc, long et étroit, est illuminé en fin de printemps de fleurs violet et blanc, solitaires, proches des fleurs de pomme de terre. En septembre, les baies rouges, grosses comme de petites cerises oblongues, sucrées et acidulées, contiennent de petites graines aplaties. « Goji » est leur appellation commerciale.

En prendre soin

Placez-le au soleil ou légèrement à l'ombre. Peu exigeant, il pousse en toute bonne terre fraîche, même calcaire, enrichie de compost au moment de la plantation. Pincez les extrémités des branches pour les aider à se ramifier et donner aux plantes une silhouette plus trapue.

Partie comestible

Les baies.

Récolte

Entre octobre et décembre.

À table

Il faut toujours consommer ces baies lorsqu'elles

sont bien mûres, et de préférence séchées. Pour cela, étalez-les sur un plateau et laissez-les au four légèrement ouvert, à 60 °C, pendant 2 à 3 h. Lorsque les baies sont sèches, grignotez-les à toutes occasions : dans le muesli, ajoutées à une salade fruits, à l'apéro. J'en agrémente le magret de canard. Et des salades.

POUR AVOIR PLUS DE FRUITS, ASSOCIEZ UNE AUTRE ESPÈCE

Les baies de goji, dont on louange les vertus depuis quelques années – elles sont riches en vitamines et en antioxydants –, sont produites sur deux espèces de lyciet.
***Lycium barbarum*, que nous venons de décrire, est très commun en Europe centrale et méridionale, en Asie occidentale et en Afrique du Nord. Il s'est naturalisé sur les dunes et les vieux murs du littoral atlantique et de la Manche.**
***Lycium chinense* est originaire de Chine. Il présente de longues feullles ovales.**
Pour la production abondante de baies, il est conseillé de planter les deux espèces, pour une pollinisation plus efficace.

Sèches, les baies de goji se croquent à toute heure de la journée.

Noisetier
Corylus avellana

Naturelle, bien équilibrée et vite adulte, une haie de noisetiers s'implante à toutes expositions. Mais un seul noisetier dans une haie mélangée, c'est parfait aussi, et ça suffit pour attirer les écureuils !

Son look

Les plantes et les arbustes du jardin aiment vivre dans un endroit douillet pour donner le meilleur d'eux-mêmes. Les noisetiers jouent à merveille ce rôle de brise-vent, tout en protégeant des regards, même en hiver, grâce à leurs branches enchevêtrées. Les feuilles veloutées, en forme de cœur, prennent de belles teintes dorées en automne. S'ils peuvent atteindre 5 à 6 m de haut, ils sont faciles à maintenir à une taille plus raisonnable.

En prendre soin

Très rustiques, ces grands arbustes s'installent aussi bien au soleil qu'à l'ombre, pourvu que le sol ne soit pas trop sec. La mise à fruits commence dès la troisième année de plantation. L'idéal est de les receper tous les trois ou quatre ans, pour leur redonner jeunesse et vigueur. Ils n'ont jamais été coupés depuis plus de dix ans ? Opérez sans soucis : même après une taille à trente centimètres du sol, en janvier ou février, les nombreux rameaux vont reformer très vite une cépée dense, haute de 2 m dès l'été suivant. Pour ne pas dégarnir d'un coup le jardin et permettre aux oiseaux qui y nichent de déménager dans l'arbre voisin, il suffit de procéder alternativement sur plusieurs années.

NOS VARIÉTÉS DE NOISETIER PRÉFÉRÉES

'Merveille de Bollwiller': variété traditionnelle, à gros fruits ronds et pointus mûrs en octobre.
'Fertile de Coutard': vigoureuse et productive, très parfumée, mûre à la mi-septembre.
'*Purpurea*', variété très fertile à petites noisettes mûres fin août et au feuillage pourpre, très décoratif.

En isolé, installez un noisetier tortueux, à la forme sculpturale et zigzagante et à la belle production de fruits.
'Contorta', le noisetier tortueux à feuillage vert.
'Red Majestic' mesure 2 m en tous sens. Le feuillage crispé, caduc, est rouge au printemps, puis, discret en été, se remarque à nouveau en automne, avec des teintes feu, accompagné de ravissantes noisettes pourpres. En hiver, les chatons sont pourpres.

Partie comestible

Les fruits, les très jeunes feuilles.

Récolte

Les jeunes feuilles en avril, les fruits en septembre.

À table

Les très jeunes feuilles comestibles peuvent être ajoutées aux salades, mais je ne leur trouve guère d'intérêt. À vous de vous faire votre propre opinion. J'attends la fin de l'été avec impatience pour ramasser les si délicieuses noisettes et casser leur coque. On les croque à chaque heure de la journée. En cuisine, elles se travaillent entières, concassées, réduites en poudre ; en pâtisserie, plats salés…

POIVRONS FARCIS ET NOISETTES

POUR 4 PERSONNES
IL VOUS FAUT

- **40 noisettes**
- **200 g de filet mignon**
- **4 petits poivrons ronds noirs**
- **2 poivrons longs oranges**
- **1 grosse tomate**
- **28 coques**
- **Huile d'argan**
- **Huile d'olive**
- **Sel, poivre**

Hachez au mixer le filet mignon. Coupez les hauts des poivrons ronds pour en faire un couvercle. Videz l'intérieur pour enlever les pépins et les parties blanches. Faites cuire les poivrons tête en bas dans un sautoir, avec un peu d'huile d'olive, à couvert. Cassez et mixez les noisettes, en en conservant 8 entières. Émondez la tomate et mixez-la. Coupez les poivrons longs en brunoise.
Laissez les coques s'ouvrir, dans un sautoir, à couvert.
Faites revenir le filet mignon, les poivrons longs, la tomate et les noisettes mixées, quelques minutes dans de l'huile d'argan. Assaisonnez à votre convenance. Remplissez les poivrons ronds de chair, en y incorporant les coques décoquillées (en en conservant 12 avec leur coquille). Concassez les dernières noisettes et parsemez-en les poivrons.
Dressage : dans l'assiette, posez le poivron garni, puis 3 coques dans leur coquille et ajoutez quelques noisettes entières.

Poivrier du Sichuan
Zanthoxylum piperitum

Si vous souhaitez une plante défensive pour votre haie, craquez pour cet arbuste très épineux... et généreux en baies à l'arôme puissant, le fameux « faux poivre » du Sichuan.

Son look

Le genre *Zanthoxylum* que l'on trouve dans les catalogues des pépiniéristes est parfois un peu flou. *Zanthoxylum piperitum* mesure environ 3 m de haut, tandis que d'autres espèces peuvent atteindre 4 m de haut (*Zanthoxylum armatum*, qui donne les baies citronnées de Timut, a besoin d'un sol frais pour avoir un port luxuriant), voire 5 m (*Zanthoxylum simulans*). Si vous n'êtes pas un botaniste pointu et exigeant, craquez pour celui que vous avez la chance de rencontrer, il vous donnera des fruits. L'élégant et fin feuillage apparaît en avril, vert vif, puis prend de belles couleurs automnales, avant de tomber. Au printemps s'épanouissent en grappes des minifleurs jaunes, très mellifères. Suivent des baies, vertes en été, puis rouges en automne. Si vous voulez profiter des saveurs de cet arbuste, sachez que vous n'êtes pas obligé d'attendre, les jeunes feuilles étant comestibles.

En prendre soin

Cet arbuste est rustique jusqu'à −15 °C. Plantez-le en tout sol, au soleil, loin d'un passage, à cause des redoutables épines crochues, présentes sur tous les rameaux. Nul besoin de taille, sauf s'il n'est pas suffisamment ramifié au départ. Dans ce cas-là, taillez chaque branche de moitié.

Partie comestible

L'enveloppe (le péricarde) des baies et les jeunes feuilles.

Récolte

Les baies en automne. On enlève la baie elle-même, qui est dure comme du bois, pour ne garder que le péricarde, très parfumé. Les jeunes feuilles se cueillent d'avril à juin, voire juillet.

À table

Oui, vous pouvez récolter le poivre du Sichuan dans votre jardin. Mais ne rêvez pas trop, c'est un faux poivre, toutefois délicieux. Émiettez les enveloppes (fraîches ou sèches) de ces baies sur du poisson, du porc et même des desserts, comme de la mousse au chocolat ou des salades de fruits. D'avril à juin, cueillez les jeunes feuilles tendres, au parfum capiteux. Ciselez-les, fraîches ou sèches, pour parfumer soupes, pâtes, poissons.

SARDINES SAINT-GEORGES AUX BAIES ET FEUILLES DE POIVRIER DU SICHUAN

POUR 4 PERSONNES

- **1 boîte de sardines Saint-Georges**
- **2 poivrons longs orange**
- **½ melon bien mûr**
- **1 petite échalote**
- **10 feuilles de poivrier du Sichuan**
- **8 baies de poivre du Sichuan**
- **2 c. à s. d'huile d'olive**

Émincez les feuilles du poivrier du Sichuan et mélangez-les avec l'huile d'olive.
Coupez les poivrons en petits dés, puis coupez le melon en dés légèrement plus gros.
Faites cuire les poivrons et l'échalote émincée avec un peu d'huile d'olive. La texture du poivron doit être tendre mais légèrement croquante, donc attention à la cuisson. Ajoutez les feuilles émincées et le melon. Remuez délicatement. Concassez les baies.
Dressage : dans une assiette, posez un emporte-pièce et remplissez-le au ¾ du mélange poivron-melon. Tassez légèrement, ôtez l'emporte-pièce. Posez à côté les sardines, dont vous avez ôté l'arête centrale, et quelques feuilles de poivrier du Sichuan. Parsemez de baies concassées.

MON AVIS
Le mélange poivron-melon est étonnant. J'ai eu l'impression de goûter un légume orange, inconnu et super bon. Avec les épices, une merveille !

Sureau
Sambucus nigra

Les sureaux nous sont familiers : ils jalonnent nos paysages de campagne, formant des haies et des bosquets imposants.

Son look

On remarque tôt ces petits arbres de 3 à 7 m de haut au printemps, car les feuilles débourrent dès la fin février. Ensuite, en mai-juin apparaissent les grandes et très nombreuses ombelles plates, ivoire. Fin août et début septembre, ces ombelles deviennent porteuses de baies, comme des perles noires, brillantes.

En prendre soin

Que vous adoptiez la plante type ou l'un de ses hybrides encore plus décoratifs et de pousse aussi rapide, ils se plaisent dans toute bonne terre ordinaire pas trop sèche, même calcaire, au soleil ou à ombre douce. Attention, les variétés pourpres ont besoin de luminosité pour arborer leur feuillage aux couleurs détonnantes. Les sureaux font autant d'effet en haie libre qu'en isolé. Si vous souhaitez leur conserver un aspect arbuste de petite taille, le recépage leur convient bien.

Attention ! Lorsque vous glanez les baies de sureau, ne récoltez que celles des arbustes. Il existe un sureau herbacé, le sureau yèble, dont les baies sont toxiques.

NOS VARIÉTÉS DE SUREAU PRÉFÉRÉES

'Guncho Purple' : les fleurs roses se détachent sur un feuillage pourpre.

'Madonna' : les fleurs blanches accompagnent un feuillage panaché, doré et vert.

'Black Beauty' arbore un superbe feuillage presque noir, orné au printemps de fleurs rose pourpré en boutons, puis rose soutenu.

Partie comestible

Les fleurs et les baies.

Récolte

Les fleurs en mai-juin, les baies en août et septembre.

À table

Les fleurs groupées en larges inflorescences parfument agréablement boissons, plats salés ou desserts, avec leurs délicieuses saveurs et senteurs de miel et de citron. Décorez-en vos assiettes ou faites-les infuser dans du lait, de l'eau ou des sauces, pour vos préparations culinaires.

Les baies attirent les oiseaux, mais les jardiniers aussi s'en délectent, les transformant en confitures. Ces baies se cueillent obligatoirement quand elles sont totalement mûres car, avant cela, elles sont très laxatives.

CONFITURE DE COINGS AU JUS DE SUREAU ET ÉPICES

- **1,5 kg de coings**
- **1 kg de baies de sureau**
- **1 kg de sucre cristallisé**
- **1 c. à s. de gingembre frais émincé**
- **2 clous de girofle**

Lavez rapidement les grappes de sureau sous l'eau, égrenez-les, faites-les éclater dans une casserole dans 15 cl d'eau bouillante. Écrasez-les avec une fourchette, passez au tamis ou dans un linge fin. Réservez le jus. Épluchez les coings, coupez-les en morceaux. Mettez-les dans la bassine à confiture, ajoutez le jus de sureau, le sucre, les épices. Remuez. Faites cuire doucement, en tournant souvent, pendant 1 h. Écumez, mettez en pots et couvrez aussitôt.

MON ASTUCE

Les baies de sureau étant souvent mûres avant les coings, je les prépare à l'avance et congèle le jus.

MA GELÉE DE SUREAU TOUTE SIMPLE

- **2 kg de baies de sureau**
- **Sucre cristallisé**
- **3 citrons**

Lavez les baies de sureau, égrenez-les et faites-les éclater dans 15 cl d'eau bouillante. Écrasez-les à la fourchette, puis passez le sirop obtenu au tamis. Versez ce jus dans la bassine à confiture ainsi que l'équivalent de son poids en sucre, et le jus des citrons. Portez à ébullition, laissez cuire 45 min en remuant souvent, écumez. Mettez en pots. Attendez 1 h pour fermer les pots.

SANS OUBLIER

Baie de mai ou camérisier
Lonicera caerulea var. *kamtschatica*

Voici un chèvrefeuille arbustif dont les baies ne sont pas toxiques, mais, au contraire, exquises.

Ce buisson très rustique de 2 à 3 m de haut apprécie toute bonne terre de jardin pas ou très peu calcaire, riche, fraîche et bien drainée. Installez-le au soleil ou légèrement à l'ombre. Pour une bonne fructification, il est conseillé de planter les pieds par deux. Récoltée en mai, la camerise est le premier fruit de l'année, peu avant les fraises. Sa saveur est proche de celle de la myrtille, avec des notes de kiwi. Mesurant entre 2 et 3 cm, les fruits oblongs, bleu pruineux, acidulés donnent d'excellentes confitures et gelées. Pour de plus gros fruits, choisissez *Lonicera caerulea* var. *edulis*.

Feijoa
Acca sellowiana

Ce buisson arbore en été de grandes fleurs blanches à quatre pétales, aux foisonnantes et longues étamines rouges qui deviennent des fruits délicieux à la fin de l'automne – mais seulement dans les régions à climat doux !

Le buisson trapu possède des feuilles persistantes, gris-vert à revers blanc et mesure 2 à 3 m de haut sur 3 à 3,5 m. Les fruits comestibles qui suivent la floraison sont verts avec une pulpe blanche. Il résiste jusqu'à –10 °C, voire –12 °C en sol drainé. Il pousse en toute terre légère, supporte la sécheresse et les embruns. Une pollinisation croisée avec une autre variété est nécessaire pour obtenir des fruits. Ces fruits verts, ovoïdes et allongés (5 à 6 cm de long), ressemblant à de miniavocats, sont charnus, avec de petites graines fines. Ils sont mûrs en octobre ou novembre, dès qu'ils tombent seuls. Pour les déguster, il suffit de les couper en deux et de manger la pulpe juteuse à la saveur mêlée de poire et de banane. Vous pouvez aussi en faire des confitures où les ajouter à une salade de fruits.

Quelques variétés

'Variegata' a un feuillage panaché.

'Coolidge' est une variété autofertile, mais tout de même plus productive si elle est en fécondation croisée.

'Gemini' et 'Mammoth' sont des variétés à gros fruits.

Goumi du Japon
Elaeagnus multiflora

Grand arbuste ou petit arbre de 2 à 4 m de haut, cette plante est cultivée pour l'ornement, mais aussi, par les gourmands, pour ses baies comestibles, petites drupes sucrées de 2 cm, charnues, translucides devenant rouge cerise, à cueillir fin juin.

Le goumi du Japon se caractérise par un tronc à l'écorce rugueuse, brun-rouge, se desquamant en fines lanières. Le feuillage, caduc ou semi-persistant selon le climat, est argenté au revers. En avril-mai apparaissent de petites fleurs, miniclochettes jaune lune, parfumées, mellifères. Il fait beaucoup d'effet aussi bien en sujet isolé, en massif arbustif, en haie libre ou taillée – mais alors, vous n'aurez pas de baies ! – qu'au verger.

Installez-le au soleil ou à mi-ombre, en tout bon sol. Bien rustique, il supporte pollution, embruns et sécheresse.

Vous pouvez consommer les fruits frais crus ou cuits ou encore blets ; ils font de bons jus et sirops. Comme ils sont dépourvus de pectine, pour en faire des confitures, il faut les associer à des citrons ou à des pommes, ou utiliser du sucre spécial confiture.

Cornouiller mâle
Cornus mas

Bien rustique, ce *Cornus* pousse en toute région et en tout sol, même calcaire, au soleil ou à mi-ombre.

On le rencontre parfois, sauvage, en haie. Laissé libre, il mesure 5 m sur 5 m, mais il est possible, les premières années, de le recéper afin qu'il buissonne. En février, le bois se couvre d'une multitude de fleurs jaune citron. En août-septembre, les drupes vermillon sont prêtes à être récoltées. C'est surtout en confitures que l'on utilise les cornouilles.

Quelques autres arbustes de haie dont les fruits se concoctent en confitures

Mahonias, épines-vinettes (*Berberis vulgaris*), des rosiers (particulièrement *Rosa rugosa* et *Rosa canina*, l'églantine), des *Rubus* arbustifs divers (*Rubus spectabilis*).

Page de gauche : Cynorhodons, les fruits de rosier.

ET QUELQUES ARBRES...

Indispensable pour donner du volume, l'arbre peut se décliner à l'infini, suivant la surface du jardin. Il peut être fruitier traditionnel, comme le pommier ou le poirier, ou d'ornement, tels *Magnolia grandiflora* ou *Eriobotrya japonica*, le néflier du Japon.

Attention, les oiseaux sont aux aguets. Soyez plus rapide qu'eux, pour la cueillette des amélanches !

Les pommes 'Granny Smith' restent très longtemps sur l'arbre, jusqu'en décembre.

La haie est installée, maintenant c'est le moment de structurer le jardin grâce aux arbres. Si l'espace est compté, optez pour un seul arbre, et de petite taille. Si l'espace est suffisamment grand, doublez, triplez le nombre et ainsi de suite, en tablant sur leur dimension adulte, car ils ont besoin de place pour donner le meilleur d'eux-mêmes.

N'hésitez pas à en placer un dans votre haie traditionnelle – cela va lui donner de l'envolée –, en tenant compte de la distance autorisée par rapport au jardin de votre voisin, qui doit être de 2 m au minimum si la plante dépasse 2 m de haut.

Pour savoir où les placer sans vous tromper, piquez des tuteurs en bambous afin de les matérialiser. Au cours de chacune des étapes de l'aménagement de votre jardin, vérifiez si l'emplacement des plantations, des structures, des allées convient, vu de partout. De tous les endroits du jardin, de la maison. S'il y a des étages, n'hésitez pas à les grimper, pour appréhender l'ensemble. Piquets, bambous, corde, dessins tracés à la craie ou au plâtre matérialisent au fur et à mesure les massifs et autres installations. Pour les arbres, le bon positionnement est indispensable. Prenez des photos, dessinez…

Amélanchier
Amelanchier lamarckii ou *Amelanchier canadensis*

Idéal pour les petits jardins, car il dépasse rarement 5 m de haut, l'amélanchier, avec sa silhouette élégante, est admirable en toutes saisons.

UNE COMPOTE D'AMÉLANCHES

- **400 g d'amélanches**
- **50 g de sucre glace**
- **1 c. à s. de jus de citron**

Mettez le tout dans une casserole et portez à ébullition, baissez le feu et laissez mijoter 10 min. Servez-la fraîche ou à température ambiante, accompagnée d'une crème fouettée à peine sucrée.

ET À L'APÉRO ?

Cueillez les amélanches tôt le matin, avant que les oiseaux ne s'en gavent. Disposez-les, bien espacées, sur la plaque du four, réglez le four à 80 °C. Entrebâillez la porte. Sortez-les lorsqu'elles sont sèches mais tendres, au bout de 2 h environ. À mélanger avec des amandes au moment de l'apéritif ou, pour les enfants, ajoutez-les au muesli.

Son look

En mai, on ne voit que lui, avec sa floraison immaculée, éblouissante et romantique mais fugace, si fugace. Sa fructification, en juin, est ravissante… et délicieuse. Les couleurs d'automne flamboient, oscillant entre l'orange vif et le rouge pourpre.

En prendre soin

C'est au soleil doux ou légèrement à l'ombre, en sol frais, neutre ou légèrement acide qu'il est le plus beau. La facilité de culture et le charme de ce petit arbre font de l'amélanchier un incontournable, qu'il soit planté en haie, où il donne de l'élan, ou en isolé, au jardin d'ornement comme au verger.
On le rencontre parfois taillé en buisson, mais quel dommage de se priver de son port naturel et de ses fruits !

Partie comestible

Les fruits, appelés amélanches.

Récolte

Les amélanches ressemblent, en mai-juin, à des merises noires au goût de raisin sec. Pour les savourer, surveillez, afin de les cueillir dès le premier jour de maturité, car les merles en sont très friands !

À table

Ajoutez-les à une salade de fruits, goûtez-les en tartes. Et pourquoi pas en compote, si la récolte est bonne ?

Acacia ou robinier faux acacia *Robinia pseudoacacia*

Pour les gourmands, l'acacia évoque avant tout une friandise : les fameux beignets ! Si vous avez la place – il lui faut de l'espace –, rien que pour son parfum et ses grappes de fleurs, il faut l'adopter.

Son look

10 à 25 m de haut, un houppier aux branches sinueuses, un feuillage caduc très léger, une vitalité à toute épreuve (il peut vivre 300 ans !), voici ses principales caractéristiques. Sans oublier qu'il est de croissance rapide. Les grandes feuilles sont composées de 3 à 10 paires de folioles, avec, à leur base, deux longues épines, dont sont dépourvues la plupart de ses variétés. Elles prennent de belles couleurs d'automne, dorées. La floraison arrive lorsque l'arbre a une dizaine d'années, en longues grappes de fleurs blanches.

En prendre soin

Tous les sols lui conviennent, riches ou pauvres, calcaires ou acides. Placez-le au soleil ou à mi-ombre. Une autre qualité ? Il est résistant à la pollution.

Partie comestible

Les grappes de fleurs.

Récolte

En mai-juin.

À table

Beignets, sirop, gâteau, crêpes, salade de fruits, salade verte… les fleurs se prêtent à mille recettes. Pour certaines, comme les salades ou le sirop, on détache les fleurs, tandis que, pour les beignets, on conserve la grappe entière, que l'on plonge dans la pâte. Rien que pour la forme rigolote des beignets, j'aime en faire chaque année.

À PRÉPARER AVEC LES ENFANTS : LE GÂTEAU AU YAOURT AUX FLEURS D'ACACIA

DANS UNE JATTE, MÉLANGEZ

- **2 yaourts nature**
- **2 pots de sucre en poudre roux**
- **3 pots de farine**
- **3 œufs**
- **1 sachet de levure**

Remuez parfaitement, puis ajoutez un ½ pot d'huile de pépin de raisin. Mélangez à nouveau. Mettez la moitié de cette pâte dans un moule à manqué, puis déposez 8 grappes de fleurs, tiges vers le haut, en les répartissant parfaitement bien. Versez le reste de pâte, en veillant à ce que le bout des tiges ressorte. Mettez au four à 180 °C pendant 35 à 40 min. Laissez refroidir. Au moment de servir, tirez sur les tiges : elles viendront facilement, sans les fleurs, qui seront bien réparties dans le gâteau.

DES VARIÉTÉS HORTICOLES POUR LES PETITS JARDINS

Ces variétés plus compactes sont de taille moindre, entre 5 à 9 m de haut, et sont dépourvues d'épines, pour la plupart. Et leurs fleurs sont aussi comestibles. 'Frisia' arbore un magnifique feuillage doré virant au caramel en automne. 'Twisty Baby' a un port parasol aux branches tortueuses et un feuillage frisé. Oublions 'Umbraculifera' : il a une silhouette parfaite, en boule, mais ne fleurit guère.

Cerisier
Prunus cerasus et *Prunus avium*

Si le cerisier est l'un des arbres fruitiers les plus populaires, c'est pour sa joliesse, sa pousse rapide et ses récoltes abondantes, cinq ans après la plantation.

Son look

Ce petit arbre au port élégant, à la somptueuse floraison et au feuillage d'automne intéressant a sa place au verger comme au jardin d'ornement ; les cerises célèbrent le printemps avec régularité (s'il n'y a pas une méchante gelée tardive) et l'entretien est minimal : planter un cerisier est donc indispensable, même dans les petits jardins, certaines variétés ne dépassant pas 3 m de haut. Les cerisiers que nous adoptons viennent de deux lignées, *Prunus cerasus* et *Prunus avium*. Ils ont donné naissance à quatre variétés principales. Les guignes, douces ; les bigarreaux, à chair ferme et sucrée ; les griottes, à chair molle et acidulée ; les cerises vraies, à chair tendre et juteuse.

En prendre soin

La plupart des cerisiers n'étant pas autofertiles, pour donner des fruits, ils doivent être pollinisés par un autre cerisier. Vous n'avez pas la place d'en installer deux ? Ne vous inquiétez pas : en général, il y en a dans le voisinage, le cerisier étant l'un des fruitiers les plus plantés. Ces arbres se présentent sous diverses formes. Commandez votre cerisier en demi-tige, en tige ou en gobelet, suivant la taille de votre jardin. Le gobelet est idéal pour les petits espaces et facilite la cueillette, les cerises étant presque à portée de main.

Pour l'installation, choisissez une place au soleil, à l'abri des gelées tardives, en évitant l'orientation nord dans les zones aux hivers froids. Si l'arbre est bien rustique, les fleurs sont parfois « cueillies » par les dernières gelées (à −3 ou −4 °C) et, alors, adieu la récolte. Plantez le cerisier en tout sol ordinaire, léger, non argileux, même légèrement calcaire. Pas de taille obligatoire ! Si vous devez la pratiquer, agissez après la récolte et posez des pansements. N'y touchez pas en hiver, la plus petite coupe provoquant un écoulement de gomme, ce qui affaiblit l'arbre en cas de gel.

Partie comestible

Les fruits.

Récolte

Suivant la variété choisie, vous avez la possibilité de cueillir des cerises de mai à août.

À table

Les cerises se mangent telles quelles, se transforment en confiture, en liqueur, garnissent les gâteaux, dont le fameux clafoutis. Elles accompagnent des viandes, comme le canard.

Quelques variétés

Il y a actuellement plus de 600 variétés de cerisiers cultivés, le choix est difficile !

La griotte de Montmorency aux petits fruits translucides ravit les cuisiniers : avec sa saveur acidulée, elle se prête à la confection de clafoutis, de confitures, et c'est elle que l'on emploie pour faire les fameuses cerises à l'eau-de-vie. Que l'on appelle dans mon coin de Bretagne et dans le coin de Normandie de Stéphane : les roupettes à queue ! Imaginez ma surprise quand j'ai entendu cette expression la première fois ! Le port de l'arbre est souple, voire légèrement pleureur. De vigueur moyenne, très productif, c'est un cerisier autofertile.

Sous l'épiderme très fin des gros fruits jaune rosé, légèrement coniques du bigarreau 'Cœur de Pigeon' se cache une chair croquante, ferme, acidulée, très sucrée et juteuse. Ils sont à maturité de fin juin à mi-juillet. Ce cerisier vigoureux est autofertile, mais il fructifie mieux s'il voisine avec d'autres bigarreaux tardifs, comme 'Napoléon' ou 'Burlat'.

Deux fruits à récolter début juillet : le bigarreau 'Napoléon' et la cerise 'Maynard' se marient bien. Fleurissant tard, ils sont moins sensibles aux dernières gelées. Leur fructification tente moins les oiseaux, qui ne savent plus où donner du bec à cette période d'abondance. 'Napoléon', excellent pollinisateur pour presque tous les cerisiers, arbore des fruits jaunes à joue rosée, fermes, sucrés. 'Maynard' donne des fruits doux et sucrés. Avec son port compact, il est parfait pour les petits jardins : sa taille adulte plafonne à 3 m !

'Burlat' est l'une des premières cerises du jardin, mûr dès la fin mai, jusqu'à mi-juin. Les gros fruits rouge foncé sont fermes, juteux et sucrés. Pour une meilleure production, ce fruitier peut être pollinisé par les variétés 'Napoléon' ou 'Reverchon'. Il pollinise 'Cœur de Pigeon'.

Les oiseaux dédaignent les fruits d'or du bigarreau 'Stark Gold', n'étant pas attirés par leur couleur. C'est l'une des dernières cerises : la maturité commence mi-juillet, pour terminer en août.

LA COMPOTE DE POMMES ET COINGS À LA CANNELLE DE GEMMA

- **1 kg de pommes**
- **1 kg de coings**
- **400 g de sucre**
- **2 citrons**
- **1 c. à c. de cannelle en poudre**

Pelez les pommes, coupez-les en quatre, ôtez le cœur, puis coupez-les en tranches. Épluchez les coings, coupez-les en six, ôtez la partie dure et les pépins. Plongez les morceaux de coings dans de l'eau bouillante. Portez à ébullition, laissez cuire 3 min. Égouttez.
Dans une grande casserole, portez 30 cl d'eau avec le sucre à ébullition. Laissez bouillonner 3 min. Ajoutez les coings et les tranches de pommes, le jus des citrons et la cannelle. Faites cuire 15 min, en remuant souvent. Laissez refroidir. Servez frais.
Une cuillère de quatre-épices ou de gingembre remplace agréablement la cannelle.

MON ASTUCE POUR ÉPLUCHER LES COINGS

J'ai galéré pendant des années pour peler les coings à cru, tant la peau est dure. Et on m'a donné un truc infaillible. Je les brosse sous l'eau, à l'aide d'une brosse à légumes, pour ôter le duvet, puis les mets dans une marmite, les recouvre d'eau que je porte à ébullition. Au bout de 15 min, je les sors et les laisse refroidir. Ensuite, je les épluche à l'économe, les coupe en deux puis retire le cœur et les pépins !

Cognassier
Cydonia oblonga

Ce petit arbre mérite vraiment une place de choix au jardin. Sa silhouette aux rameaux tortueux et sa floraison sont aussi intéressantes que la fructification.

Son look

Originaire d'Asie, le cognassier est cultivé dans tous les pays à climat tempéré. Cet arbre ramifié et vigoureux mesure entre 4 et 6 m de haut. Il fleurit en belles et grandes corolles blanches. Si l'on se régale de sa chair charnue transformée en confiture, le coing possède, entre autres, des vertus médicinales. Les fruits perdurent une grande partie de l'hiver sur l'arbre s'ils ne sont pas récoltés, restant fort décoratifs.

En prendre soin

Au jardin d'ornement comme au verger, cet arbre fruitier prospère bien en sol frais et lourd, en situation ensoleillée.

Partie comestible

Les fruits.

Récolte

Octobre.

À table

La saveur des gros fruits côtelés, exquise, est incomparable, mais ne se révèle que lorsque les coings sont cuits, sinon l'astringence est trop forte. Ils se transforment en confiture, en gelée, en sirop, en pâte de fruits ou en confit. Sautés, ils accompagnent un magret ou des légumes.

Mimosa
Acacia spp.

Si vous avez la chance d'avoir un jardin dans le Midi ou le long du littoral, adoptez sans hésiter un mimosa, pour la beauté de ses grappes opulentes et odorantes, mais aussi pour les fleurs (glomérules) comestibles.

Son look

La croissance rapide, le feuillage élégant et persistant, vert, bleuté et même parfois pourpre, et la fragrance des fleurs expliquent son succès. Si *Acacia dealbata*, le plus courant, drageonne allègrement, d'autres espèces, plus raisonnables, arborent des feuillages, des tailles et des ports diversifiés. On compte plus de 1 200 espèces d'acacias dans le monde, sans compter leurs variétés. Les plus grands dépassent 10 m en tous sens.

En prendre soin

La plupart résistent à des gelées allant de –5 à –10 °C, parfois –12 °C suivant les espèces et les variétés, à condition que la température redevienne positive dans la journée.

Les mimosas craignant les sols calcaires et les terres lourdes et argileuses, privilégiez un sol léger, drainé, neutre, voire acide. Plantez-les au soleil.

Partie comestible

Les fleurs, que l'on appelle glomérules.

Récolte

Entre décembre et avril.

À table

Faites infuser les fleurs dans 1 litre de lait bouillant pendant 10 minutes, avant de préparer un dessert.

Pour parfumer les salades, faites-les infuser dans de l'huile de pépin de raisin très chaude mais non bouillante. Il y a peu j'ai jeté mes fleurs dans une huile bouillante et les ai grillées instantanément !

Roulez les petites boules dans du blanc d'œuf battu puis dans du sucre glace, avant de les enfourner sur une plaque, à 50 °C, la porte ouverte, jusqu'à séchage. À conserver dans une boîte hermétique, pour décorer les gâteaux.

LES ŒUFS AU LAIT AU MIMOSA

- **1 tasse à café de fleurs de mimosa**
- **1 l de lait**
- **150 g de sucre roux en poudre**
- **6 œufs**

Dans une casserole, mettez le mimosa et le lait à chauffer. Arrêtez avant ébullition, laissez infuser pendant 10 min. Dans une jatte, mettez les œufs et le sucre, battez. Ajoutez le lait après l'avoir passé, mélangez. Mettez ce mélange dans un plat, au four à 150 °C. Au bout de 45 min, sortez le plat, laissez refroidir.

Petite note perso : les œufs au lait, c'est mon dessert classique que je parfume à toutes les sauces : peu coûteux, vite fait, toutes les saveurs lui conviennent, à part les saveurs aillées, bien sûr !

Figuier
Ficus carica

Les gourmands aiment ce bel arbre au port parfait pour ses fruits, mais les plus avertis utilisent les feuilles, en infusion ou pour la cuisson en papillote.

Son look

Le figuier est vraiment magnifique en isolé, avec une belle silhouette. Il résiste à tout, même au temps, car il peut vivre plus d'un siècle, insensible à la pollution et aux embruns.

BIFÈRE OU UNIFÈRE ?

Le figuier fructifie sur les rameaux de l'année. Les figues se forment au printemps et se récoltent de la mi-août jusqu'aux premières gelées sur les figuiers d'automne, appelés aussi figuiers unifères. Les figuiers bifères préparent des figues, que l'on peut voir, minuscules petits pois, dès l'automne. Elles grossissent au printemps suivant et mûrissent fin juin et en juillet. On les appelle les figues-fleurs. En parallèle se préparent celles pour la récolte d'automne.

Il y a des variétés de figuiers – on en dénombre plus de 300 – pour chaque région, même pour celles situées au-dessus de la Loire. Leurs fruits sont tendres, perlés et craquelés quand ils sont bien mûrs. Violets, verts ou blancs. Le grand feuillage palmé caduc, vert foncé et vernissé, a beaucoup d'allure. Et il est parfumé ! Cet arbre, laissé libre, peut atteindre 4 à 5 m en tous sens, voire plus.

En prendre soin

Installez-le au soleil, dans un endroit protégé des vents froids, dans une terre fraîche et riche, en sol léger, même calcaire. Si vous disposez d'un grand mur, palissez-le. Pour la taille, agissez en mars, car, lorsque les feuilles débourrent, il devient difficile de voir dans quel sens poussent les branches, tellement le feuillage palmé est énorme. Supprimez celles en surnombre qui gênent leurs voisines, celles qui ont souffert de l'hiver ou encore celles qui sont peu harmonieuses. Mais les branches s'allongeant à toute vitesse, il ne faut pas hésiter à couper à n'importe quel moment lorsqu'elles gênent le passage.

Partie comestible

Les feuilles, les fruits.

Récolte

Par un choix judicieux, vous pouvez récolter des figues de juillet à octobre. Cueillez les feuilles de mai à octobre.

À table

Les fruits se consomment crus ou cuits. On les prépare en salade de fruits, en compote, en confiture, séchés, confits. Dans des gâteaux. En accompagnement de fromages. Mais aussi dans les plats salés, mariés avec le canard, le poulet, un filet mignon…
Quant aux feuilles, c'est surtout en papillote qu'elles sont utilisées, pour parfumer leur contenu. Papillotes à cuire au four, sur un barbecue, une plancha, ou mieux encore : sur un Ofyr. Elles font aussi une tisane rafraîchissante, à boire seule ou au cours d'un repas : trois grandes feuilles à infuser dans un litre d'eau bouillante, et voilà !

GAMBAS EN FEUILLES DE FIGUIER

POUR 4 PERSONNES

- **4 grosses gambas**
- **14 feuilles de figuier**
- **2 aubergines longues**
- **1 c. à s. de sucre**

Mettez 10 feuilles de figuier dans de l'eau bouillante et couvrez. Laissez infuser 30 min.
Décortiquez le corps des gambas en gardant les têtes. Enroulez-les chacune dans une feuille de figuier fraîche, maintenues avec un cure-dent, et faites-les cuire sur une plancha chaude, arrosées d'huile d'olive.
En même temps, faites cuire, toujours sur la plancha, les aubergines coupées en deux et arrosées d'huile d'olive. La texture de l'aubergine doit être fondante.
Mettez 2 louches d'infusion de feuilles dans une petite casserole et faites réduire avec le sucre, afin d'obtenir un sirop.
Dressage : posez la gambas dans sa feuille de figuier au centre de l'assiette, déposez, comme une virgule, l'aubergine, et arrosez légèrement l'ensemble avec le sirop.

Le néflier de chez nous *Mespilus germanica*

Même dans un petit jardin, le néflier trouve sa place facilement, car il ne dépasse guère 3 à 5 m d'envergure.

Son look

Pour son port et sa floraison printanière, blanc rosé, il mérite une place de choix. Sculptural en isolé, il se mêle avec grâce à une haie bocagère. On le rencontre d'ailleurs parfois sauvage, en lisière de forêt. Les fleurs apparaissant tardivement, elles ne sont guère sensibles aux gelées, ce qui promet une fructification régulière, en automne.

En prendre soin

Installez-le au soleil ou à mi-ombre, en sol riche en humus et bien drainé.

Partie comestible

Les fruits.

Récolte

En novembre.

Le néflier *Mespilus germanica*, arrivé du Caucase et d'Arménie, est cultivé chez nous depuis l'Antiquité. Au Moyen Âge, il figurait sur toutes les tables, accompagnant gibiers et pâtés.

À table

En forme de toupie brune, les fruits charnus se mangent blets, lorsque la chair devient tendre, après le passage des premiers froids. L'idéal est de les entreposer sur un lit de paille, en local sain, pendant une quinzaine de jours, pour que la fermentation se produise, ôtant une partie des tanins. Si la consistance vous gêne, transformez-les en confitures, en compotes ou en ratafia.

Le néflier du Japon
Eriobotrya japonica

Cet arbre à l'aspect exotique fleurit en hiver, puis nous offre ses fruits gros comme des abricots, les bibaces, en fin de printemps.

Son look

C'est assez lentement que le néflier du Japon atteint 5 à 8 m en tous sens. La floraison – en fleurs ivoire, parfumées, groupées en corymbes – et la fructification interviennent au bout de 8 ou 10 ans, à l'aisselle des feuilles. Ces dernières, persistantes, épaisses et vert sombre sur le dessus, claires et veloutées en dessous, mesurent de 20 à 30 cm de long.

En prendre soin

Plantez-le au soleil et en sol bien drainé, en isolé, ou alors en haie ou en fond de massif.

Partie comestible

Les fruits.

Récolte

Entre mai et juillet suivant les régions.

À table

Mangez les fruits tels quels, ou en confiture et en compote.

Poirier
Pyrus communis

Les poiriers font partie des arbres fruitiers les plus populaires, car ils sont faciles de culture.

Son look
Le poirier prend de multiples formes, entre arbre de plein vent et palmette. Sa floraison immaculée est ravissante.

En prendre soin
Nés sur le pourtour du bassin méditerranéen, les poiriers ont besoin de soleil et aiment un sol frais, drainé et non calcaire. En avril, un gel tardif peut faire griller toutes les fleurs, ou, un peu plus tard, un gros coup de vent peut faire chuter toutes les fleurs fanées. Alors pas de poires pour l'année ! C'est pour ça qu'à la plantation il faut leur offrir un endroit protégé. C'est au soleil, dans un endroit abrité des vents et des gelées printanières, que vous aurez les meilleurs résultats.
Les poiriers sont autofertiles. Mais le fait d'installer plusieurs variétés augmente leur fertilité car, même s'ils fructifient parfois seuls, ils préfèrent une fécondation croisée. Heureusement, il y a souvent des arbres fruitiers dans le voisinage. Ceux-ci participent activement à la pollinisation. La variété 'Williams' est une excellente pollinisatrice, ainsi que 'Conférence' ou 'Doyenné du Comice'.
L'idéal est de planter quatre poiriers, en choisissant les bons pollinisateurs, par exemple une 'Williams', une 'Delbard d'Automne' et une 'Conférence'. Plus une 'Péradel', pour la conservation hivernale.

Partie comestible
Les fruits.

Récolte
Les récoltes se succèdent, suivant les variétés, d'août à octobre. Pour la cueillette, surveillez tous les jours vos fruits. Il est difficile de savoir quand la poire est consommable. En l'ouvrant, on a parfois la surprise de trouver le cœur déjà blet.

À table
Mangez-les telles quelles, ou transformez-les en confiture ou en compote.

MARMELADE DE POIRES ET DE MÛRES AU ZESTE DE CITRON

POUR 6 POTS
- **500 g de poires**
- **250 g de mûres**
- **1 citron**
- **750 g de sucre**

Mettez les mûres dans un saladier, saupoudrez avec le sucre. Laissez macérer 12 h. Le lendemain, épluchez les poires, coupez-les en petits morceaux, ajoutez-les aux mûres. Remuez, laissez macérer 6 h. Versez les fruits dans la bassine à confiture, ajoutez le zeste du citron détaillé en petits morceaux. Faites cuire pendant 1 h environ. Mettez en pots, couvrez.

Pommier
Malus domestica

Sa silhouette ample en fait un beau sujet d'ornement, et sa floraison rose nacré est une merveille. C'est l'un des rares fruitiers qui laissent la part belle aux vivaces poussant sous son couvert.

Son look

Un pommier de plein vent mesure de 5 à 10 m de haut suivant les très nombreuses variétés. Il est facile d'en trouver un qui convienne, pour un petit jardin. Il ne faut pas oublier les formes palissées. Formés dès leur « enfance », les pommiers prennent des aspects divers : en espalier, en cordons, en tige, en demi-tige, en palmettes.

En prendre soin

Plantez-le au soleil, en évitant une exposition trop chaude. Il aime une terre riche, drainée mais qui ne sèche pas en été. La production est plus abondante s'il y a d'autres pommiers dans les environs car, même s'il fructifie seul, il préfère une fécondation croisée. Si vous avez la place, plantez plusieurs pommiers à récoltes échelonnées. 'Delbarestivale', avec ses parfums anisés, se récolte fin août et début septembre. 'Reine des Reinettes', la grande classique, se cueille tout septembre. 'Tentation', à consommer en octobre, possède un bel équilibre et fait d'excellents fruits de garde.

Partie comestible

Les fruits.

Récolte

De juillet à novembre, suivant les variétés.

À table

À croquer, à cuisiner, à transformer : la pomme se prête à une myriade d'emplois. Accompagnements de plats salés (le fameux boudin !), gâteaux, tartes, confitures, compotes… Chacun peut innover !

ET LES POMMIERS D'ORNEMENT ?
On adopte un pommier d'ornement autant pour la floraison printanière que pour ses mignons minifruits. Il en existe un grand nombre de variétés. À vous de tester les qualités gustatives des fruits. Certains sont amers, d'autres acides, doux, ou encore cotonneux… Le plus connu, 'Evereste', s'épanouit en bouquets blanc lavé de rose pâle. Les fruits sont rouges. 'Liset' se couvre de fleurettes vieux rose. 'Golden Hornet' nous offre ses boutons roses puis ses fleurs blanc pur. 'Red Sentinel' présente des boutons roses, puis les fleurs s'ouvrent blanc pur.

Pêcher
Prunus persica

Qu'il est difficile de trouver, dans le commerce, des fruits parfumés et goûteux ! Laissez-vous tenter par la culture de cet arbre fruitier, et à vous les récoltes savoureuses.

Son look

Le pêcher est un ravissant petit arbre qui dépasse rarement 4 m. La forme est élégante, en parapluie. Le feuillage est gracieux. Il peut vraiment être planté comme plante décorative… lorsqu'il n'est pas atteint par la cloque. Quant au fruit, c'est certainement l'un des plus beaux. Son duvet, ses teintes douces, sa rondeur ferme et souple en font une œuvre d'art. D'ailleurs, il a souvent posé pour les peintres !

DÉCOCTION D'AIL CONTRE LA CLOQUE DU PÊCHER

Les feuilles déformées et cloquées caractérisent le pêcher. Pour lutter contre cette maladie cryptogamique, faites appel à l'ail. Mettez 1 litre d'eau à bouillir, ajoutez 100 g de gousses d'ail écrasées, éteignez le feu. Dix minutes après, la mixture est prête. À utiliser aussitôt, en pulvérisation, ou répandue au sol, diluée à 5 % en février-mars et en septembre, après la récolte.

En prendre soin

Soleil, été chaud, automne sec et hiver froid et court, voilà son exigence. Si le climat n'est pas doux, il demande à être palissé le long d'un mur. Ces arbres sont autofertiles, ils n'ont donc pas besoin de voisins pollinisateurs. Au printemps, éclaircissez les fruits en choisissant de garder les plus beaux pour qu'ils aient la place de se développer. Les fruits apparaissent sur le bois de la saison précédente. Aussi chaque printemps, coupez un tiers du vieux bois pour favoriser de nouvelles pousses.

Partie comestible

Les fruits.

Récolte

Juillet à septembre.

À table

Ce fruit se mange cru, tel quel, mais se prête à de petites recettes presque exotiques.

UNE PETITE SALADE-DESSERT TOUTE SIMPLE

- **30 cl d'eau**
- **2 c. à s. de sucre**
- **2 c. à s. de miel liquide**
- **Le jus d'un citron**
- **Un bâton de vanille**

Pour le sirop, faites bouillir et arrêtez aussitôt. Laissez refroidir. Ajoutez les quartiers de 6 pêches pelées, une grosse poignée d'amandes fraîches épluchées et 3 gouttes d'essence d'amande amère (ou 1 c. à s. de sirop d'orgeat). Servez très frais.

MAGRET DE CANARD AUX PÊCHES ET FLEURS DU JARDIN

POUR 4 PERSONNES

- **1 magret de canard de 600 g**
- **4 pêches blanches**
- **100 g de petits pois**
- **Fleurs du jardin : sauge, lavande papillon, fenouil, molène, calament**

Épluchez 2 pêches et coupez-les en grosses lamelles. Incisez le magret, glissez-y les lamelles de pêche.
Mettez les petits pois à blanchir et ôtez la peau après les avoir refroidis dans l'eau glacée.
Préchauffez votre poêle et déposez le magret côté peau, parsemez de fleurs de lavande papillon et laissez cuire 5 min à feu vif. Retournez, baissez le feu et terminez la cuisson (10 min environ). Dès que la chair du magret est rosée, retirez-le et déposez-le sur un papier absorbant. Coupez-le en quatre dans le sens de la longueur.
Entre-temps, coupez en petits morceaux les 2 autres pêches, mêlez-les avec les petits pois et les fleurs de calament.
Dressage : disposez dans l'assiette un quart du magret, parsemez-le de quelques fleurs de sauge, de molène et de lavande papillon. À côté, déposez une cuillère du mélange pêche et petits pois. Éparpillez quelques fleurs du jardin.
Précision : le choix des fleurs n'est qu'une suggestion. À vous de cueillir les fleurs comestibles de votre jardin.

UN CHUTNEY POUR ACCOMPAGNER LES VIANDES BLANCHES… ET LE RESTE !

Pelez 6 pêches jaunes, dénoyautez-les et coupez-les. Hachez 1 oignon et 1 gousse d'ail. Pelez et râpez 20 g de racine de gingembre.

Dans une casserole, mélangez tous les ingrédients en rajoutant 5 cl d'eau et 5 cl de vinaigre de cidre, 20 g de piments verts doux, le jus d'un citron vert, 100 g de sucre roux, 1 c. à s. de sel. Portez à ébullition, puis baissez le feu et faites cuire 30 min à feu très doux. Lorsqu'il n'y a plus de jus, le chutney est prêt. Mettez en pot.

Prunier
Prunus domestica

S'il est ravissant au verger, n'hésitez pas à le placer aussi au milieu du potager ou sur la pelouse. C'est un petit arbre aux fleurs discrètes, mais au port gracieux.

Son look

Le prunier se cultive en toutes formes, et se palisse bien. En plein vent, il mesure entre 3 et 5 m. La floraison blanche, en avril, est suivie, en juillet et août, d'une récolte surprise : certaines années, la récolte est abondante, d'autres, ridicule. Lorsqu'on emploie le mot « prune », diverses variétés entrent en scène. Dans le nord-est de la France, adoptez quetsches et mirabelles. Les reines-claudes sont magnifiques dans le sud-ouest et en vallée de Loire.

En prendre soin

Les pruniers sont des arbustes greffés sur des porte-greffes plus ou moins vigoureux. Ils aiment le soleil, un sol léger et drainant. Ils détestent les sols lourds et humides.
Les arbres de plein vent se taillent à peine : juste une taille de nettoyage pour éliminer le bois mort et les branches en surplus.

Partie comestible

Les fruits.

Récolte

Entre juin et août.

À table

Choisissez la reine-claude pour manger telle quelle, des quetsches et des mirabelles pour concocter compotes, tartes et clafoutis.

MYROBOLAN, OU PRUNIER-CERISE, UN BEAU ET BON SAUVAGEON

Prunus cerasifera

De plus en plus, ces fruitiers sont plantés en bordure de route et, en juillet, on peut voir de nombreuses personnes en train de cueillir ces mini-prunes à la saveur délicieuse. Elles sont jaunes, roses, pourpres… Comme vous l'avez deviné, vu leur emploi, ces petits arbres qui mesurent entre 5 et 6 m de haut sont très faciles à vivre. D'ailleurs, ils servent de porte-greffe pour les autres variétés de prunier. Les fruits ressemblent à de petites mirabelles. Mangez-les tels quels, faites-en des confitures, des compotes, mettez-les à macérer dans de l'eau-de-vie de fruit avec du sucre, comme vous le faites pour les cerises à l'eau-de-vie.

ET AUSSI

Cormier
Sorbus domestica

Adoptez un cormier seulement si vous avez beaucoup de place ! Cet arbre peut atteindre 20 m de haut et possède une longévité semblable à celle du chêne. Prévoyez un espace important, de 30 m minimum, si vous le destinez à orner la pelouse. La floraison est exceptionnelle, blanche, en corymbes. Le feuillage automnal oscille entre le jaune d'or et le rouge flamboyant. En novembre, les fruits couleur châtaigne, semblables à de toutes petites poires, tombent au sol : c'est le moment de les ramasser, blets. Ils ont une saveur de compote où se mêleraient des pommes, des poires, des coings. Ils sèchent bien, comme les pruneaux, et sont délicieux en confiture.

Noyer
Juglans regia

Si vous avez un grand jardin, plantez un noyer. Cet arbre imposant peut dépasser 20 m de haut sur 15 m de large. Avec son port ample, il a beaucoup d'allure. Le feuillage d'automne, jaune d'or, illumine tout le jardin. Plantez-le en isolé ou en fond de jardin, au soleil, protégé des vents dominants et des gelées printanières. Il a besoin de beaucoup d'espace. Installez-le en sol profond, frais, humifère, bien drainé, même calcaire. Il déteste les sols très argileux, froids et humides. En octobre, les noix se mangent fraîches, mais surtout se conservent pendant des mois, voire des années. Elles se prêtent à la confection de gâteaux, accompagnent les fromages, les salades... Et n'oubliez pas de faire, en juin, avec les noix vertes, le fameux vin de noix.

Châtaignier
Castanea sativa

Encore un arbre majestueux réservé aux grands jardins. Ses fruits, les châtaignes, ont nourri les paysans pendant des siècles.
Suivant les régions et le sol, cet arbre mesure entre 15 et 30 m de haut. Avec son tronc lisse,

Goûtez une fleur fraîche d'aubépine : une exquise saveur d'amande se répand dans la bouche.

son port régulier, large, ses grandes feuilles longues et dentées, très nervurées et surtout, en juin-juillet, ses fleurs mâles réunies en longs chatons jaune banane, il se reconnaît facilement. La châtaigne (ou les châtaignes, car il peut y en avoir 2 ou 3 accolées), mûre en octobre, se trouve dans une bogue hérissée et piquante. Cet arbre est facile à vivre, si le sol n'est pas calcaire, car il déteste ça. Il pousse vite et peut vivre 2 000 ans !
Les fruits se mangent braisés, en purée, en confiture. On en fait une excellente farine, qui sert en pâtisserie.

Ce sont les toutes jeunes feuilles du merisier qui se dégustent, lorsqu'elles débourrent.

Merisier
Prunus avium

En sol perméable, neutre ou acide, ce petit arbre donne non seulement des merises, les cerises sauvages, mais des feuilles délicates. C'est lorsqu'elles débourrent, presque bronze, qu'il faut les déguster. Tendres, elles ont une saveur d'amande très marquée.

Aubépine
Crataegus monogyna

S'ils jalonnent nos chemins de campagne, ces petits arbres épineux à la floraison éblouissante

ont leur place dans un grand jardin. Les jeunes feuilles, ciselées, peuvent s'ajouter aux salades, mais c'est surtout les fleurs, à la saveur d'amande, qui décorent nos plats.

Toona
Toona sinensis 'Flamingo' (syn. *Cedrela sinensis* 'Flamingo')

Au printemps, la couleur rose vif de cet arbre colonnaire (10 à 12 m de haut) en fait le point de mire du jardin. Remarquable aussi à l'automne, avec ses teintes jaune d'or. L'écorce grise, se détachant en lanières, est aromatique, et les jeunes feuilles sont comestibles. Elles sont même très prisées comme légumes, en Asie. Elles ont une saveur assez marquée, où l'on trouve quelques notes alliacées. Nous les avons goûtées, en octobre, dans une pépinière, chez Lepage Bord de Mer. Stéphane a fait la grimace, pas inspiré du tout. Je pense que c'est tard dans la saison. Il faudra renouveler l'expérience avec des feuilles fraîches, au printemps !

En Asie, les feuilles de *Toona* se consomment, comme la laitue, dans un grand saladier !

CRAQUEZ POUR LES AGRUMES

Votre jardin se trouve dans le Midi ou le long du littoral ? Feuillage persistant et odorant, fleurs au sublime parfum, fruits exquis… faites le bon choix, suivant les espèces et la région où vous habitez.

Le citronnier supporte jusqu'à –5 °C. En fleurs toute l'année, ses fruits mûrissent au fur et à mesure. 'La Valette' est une excellente variété.

L'oranger accepte des températures de –7/–8 °C. Les fruits sont mûrs de novembre à avril, suivant les variétés.

Le bigaradier 'Striata', un oranger amer pour les confitures, est rustique jusqu'à –8/–10 °C.

Le yuzu a une bonne rusticité, puisqu'il tolère –10/–12 °C.

Les agrumes de mes amis Bénédicte et Michel Bachès, lorsque nous étions voisins de stand, sur une expo.

SANS OUBLIER

Le tilleul, pour de bonnes tisanes bien sûr, mais aussi pour ses jeunes feuilles qui agrémentent les salades.

Magnolia grandiflora, dont on fait, avec les fleurs, une liqueur (merci à madame de La Rochefoucauld qui m'en a fait goûter pour la première fois dans son Arboretum des Grandes Bruyères… à 10 heures du matin !).

Le plaqueminier, qui donne les **kakis**, de si beaux et bons fruits, à déguster blets.
Le sorbier des oiseleurs, pour d'exquises confitures…

Les plus petits agrumes, en forme de grandes olives, ce sont des citrons caviar.

Allées, sentiers...

Maintenant que les arbres sont installés, que vous vaquez et que vous vous promenez dans votre jardin, il faut penser aux passages. Allées, chemins, sentiers... Indispensables, ils donnent beaucoup de personnalité au jardin, suivant leur tracé et leur composition. Leur utilité est primordiale. Souvent, ils se dessinent d'eux-mêmes, suivant vos balades, les points stratégiques où vous vous rendez le plus souvent, pour le plaisir, pour aller au composteur ou pour tailler. Si leurs formes spontanées et pratiques sont élégantes, les voilà presque prêts !

Matérialisez-les en tenant compte de la largeur qu'ils doivent avoir. En principe, une brouette doit pouvoir passer partout, mais, juste pour le coup d'œil, pour donner de la profondeur, n'hésitez pas à esquisser un mini-sentier qui va mener à une plante spectaculaire, un banc, un bel objet, voire une statue. Le tracé des allées est un aménagement qui m'emballe. En rajouter une, quand tout à coup une frondaison se forme, la faire passer du soleil à l'ombre, longer un massif et déboucher sur un bel arbre ou mener à un endroit secret, quel plaisir !

Marquez ces futures allées à l'aide de pierres, de piquets, de cordes ou de plâtre. Vérifiez qu'elles conviennent esthétiquement. Prenez de la hauteur, afin de voir si le tracé est bon. Et pensez à ce qui les bordera. Ensuite, il ne reste plus qu'à aménager ces cheminements, en les engazonnant, en apportant du gravier ou de grosses écorces de pin, en posant des pavés, des caillebotis ou tout autre matériau de votre choix.

Les bordures végétales... comestibles, évidemment !

Les bordures facilitent l'entretien en séparant clairement l'espace consacré aux plantes de celui réservé à la pelouse ou à l'allée. Pour rester dans l'esprit « nature gourmande », pourquoi ne pas les constituer avec des plantes qui se mangent ?

Ces bordures végétales peuvent aussi cerner le potager ou certains massifs.

Les bordures de vivaces ont un attrait évident, si vous choisissez des plantes à longue floraison ou à feuillage élégant. Mêmes variétés, ou assortiment ? À vous de choisir, suivant vos envies et vos talents de coloriste et

de jardinier. Lavandes, sauges, romarin, thyms, santolines, œillets. Les œillets sont parfaits. Ils se mangent tous et leur parfum suave se retrouve dans la saveur, corsée de notes poivrées.
Bordures fleuries constituées de bulbeuses? L'ail d'ornement, bien sûr. En choisissant diverses variétés, les floraisons s'échelonnent sur plusieurs mois. Les dahlias, de juin aux gelées, sont les rois de la longue floraison.
N'oubliez pas les annuelles, qui font de l'effet deux à trois mois après le semis : soucis, pavots de Californie, coquelicots, capucines…
Autres bordures classiques le long des allées : les rosiers. Choisissez des variétés basses ou rampantes, en optant pour une couleur unique, pour plus d'élégance. Le blanc fait toujours merveille. Ils peuvent faire le lien avec la pelouse, ou border des plantes plus hautes, voire des plantes grimpantes palissées, comme des glycines ou des rosiers grimpants.

Qu'elles soient sauvages, mystérieuses ou rectilignes, les allées abritent des belles et bonnes plantes.

ALTERNATIVE GOURMANDE AU GAZON !

CUEILLEZ VOTRE PELOUSE

Une pelouse écolo, ça existe ! Bannissez le gazon dit « de golf » et laissez venir les herbes qui s'y invitent sans façon, comme le trèfle, les pâquerettes et les primevères.

Ces pelouses naturelles, bien résistantes à la sécheresse, sont les pelouses de l'avenir. Elles participent à la biodiversité, au même titre que les massifs et les haies. En adoptant celles qui sont comestibles, vous n'avez qu'à vous asseoir au milieu de ces herbes, pour cueillir ce qui agrémentera votre salade du soir.

Vous ne souhaitez pas attendre qu'elles arrivent seules ? La meilleure période pour les installer se situe au début du printemps. Il y a beaucoup de tapissantes comestibles qui peuvent jouer ce rôle. Elles vont drageonner et vous pourrez marcher dessus sans souci dès qu'elles seront bien racinées.

Que vous récupériez dans la nature des petits bouts de racines, là où elles sont très courantes, ou que vous achetiez des godets chez votre pépiniériste, installez-les en sol bien préparé, en disposant les pieds en quinconce, espacés de 30 cm. Ne lésinez pas sur l'arrosage pendant les semaines qui suivent la plantation, puis oubliez-la… jusqu'à ce que la tonte devienne nécessaire… ou pas ! Un an est l'idéal. Pour tondre, utilisez une tondeuse à main pour les petites surfaces, sinon employez une tondeuse mulcheuse qui broie l'herbe si finement que vous pouvez la laisser sur place.

À vous les salades sauvages ! Bien entendu, certaines plantes sont à éliminer, comme les chardons : ne les laissez pas s'installer, délogez-les avec un couteau désherbeur ou une gouge à asperge.

À mi-ombre ou à l'ombre

Difficile de faire pousser du gazon dans les parties ombrées du jardin, que cela soit pour la pelouse ou les allées à emprunter dans le sous-bois. Tant mieux ! Il y a quelques plantes couvre-sol qui peuvent être utilisées, optons pour celles qui se mangent !

Lierre terrestre

Cette jolie petite plante rampante grâce à ses stolons présente des feuilles en petits cœurs duveteux, crénelés, verts, avec parfois

un revers pourpre-violet. Cette vivace est encore plus ravissante lorsque les fleurettes bleu-violet s'épanouissent, dès mars, perchées sur des hampes dépassant rarement 10 cm. Fleurs et feuilles dégagent un agréable parfum balsamique lorsqu'on les froisse et qu'on les goûte. Une odeur et une saveur de menthe et d'origan, avec un soupçon d'amertume, qui font merveille en cuisine. Très rustique et de culture facile, le lierre terrestre se plaît en sol ordinaire, léger, frais, humifère. Mellifère, il nourrit les insectes pollinisateurs dès la fin de l'hiver. Il existe une variété, *Glechoma hederacea* 'Variegata', aux feuilles vertes, marbrées de blanc crème. Feuilles et fleurs s'ajoutent aux salades et aux fromages frais, en particulier de chèvre, parcimonieusement pour les feuilles, car le goût est puissant. Cuites, les feuilles relèvent les plats, se mariant aussi bien aux poissons, aux viandes qu'aux légumes, pâtes et riz. Cuites, les feuilles peuvent se cuisiner toute l'année, puisqu'elles sont pratiquement toujours présentes. **Ne pas confondre avec le lierre commun, *Hedrera helix*, toxique.**

Aegopodium

Aegopodium podagraria est envahissant? Si vous faisiez de cette vivace un allié plutôt qu'un ennemi? L'herbe aux goutteux – on

Aegopodium podagraria, l'herbe aux goutteux, est une sauvageonne tapissante et envahissante.

À chaque pas, sur ce doux tapis de menthe pouillot, un sublime parfum nous envahit.

lui donne ce surnom car elle est utilisée comme plante médicinale – fleurit en petites ombelles blanches qui jaillissent des touffes, en début d'été. Mais comme elle supporte bien la taille, voire la tonte, voilà une pelouse pour l'ombre toute trouvée. Elle est ravissante dans sa forme panachée : *Aegopodium podagraria* 'Variegatum' éclaire les coins ombrés grâce à ses feuilles composées ressemblant à celles du sureau, vert-de-gris, liserées d'ivoire. Que vous adoptiez la sauvageonne ou la forme panachée, un peu moins envahissante, vous pouvez la tondre avant la floraison, ou apprécier et accepter les fleurs. Mais surtout, dès la fanaison, coupez, pour éviter les graines. Cependant, ce ne sont pas ses graines qui sont à craindre le plus, mais les racines traçantes. Faites attention qu'elle n'envahisse pas les massifs voisins. En cuisine : ciselée finement, elle parfume salades, potages ou quiches, avec une saveur proche de la coriandre.

Menthe pouillot

En sol frais, ne vous privez pas de *Mentha pulegium*. Quel bonheur de fouler cette menthe couvre-sol parfumée, au feuillage persistant, surtout lorsqu'elle s'épanouit, en fleurs lilas. Tondue régulièrement (une fois par mois, voire tous les deux mois), elle forme un tapis dense, qui supporte parfaitement bien le piétinement. Elle aime la mi-ombre, et, si elle préfère un sol frais, elle supporte bien les étés plus secs que l'on a depuis quelques années. Nos amis spécialisés en plantes aromatiques proposent cette plante en godet.

Au soleil

Épervière

Votre terre est sèche, drainée, voire ingrate, et vous souhaitez éviter le gazon ? Si la pelouse est en plein soleil, adoptez sans hésiter *Hieracium aurantiacum*. Cette petite vivace drageonne et se ressème à foison. Elle pousse en rosettes de feuillage persistant, en forme de spatule. De ce feuillage vert vif, très tapissant, s'échappent, en juin, des tiges grêles de 20 à 30 cm de long, surmontées de nombreux petits capitules orange lumineux, suivis de graines légères qui ressemblent à celles des pissenlits. Les tiges sont plus courtes en sol pauvre. Attention aux massifs voisins, qu'elle squatte effrontément. Pour éviter les semis spontanés, passez la tondeuse dès que les fleurs commencent à faner. Ne laissez pas les stolons déborder de l'espace autorisé. La floraison se renouvelle, moins abondante, jusqu'en septembre. Ce sont les fleurs, que l'on dépétale, qui égayent fromages et salades.

Primevère

Rose pâle, mauve, jaune lune… Petit à petit, les primevères prennent le pas sur le gazon, pour l'éliminer. Une merveille au printemps, ensuite un feuillage bien présent et ras, même en hiver. Plantez quelques pieds. En mars, c'est le moment de vous lancer dans cette opération de charme puisqu'on trouve des primevères de toutes les couleurs en jardinerie. *Primula vulgaris* (*Primula* x *acaulis*) existe en une multitude de variétés. Plantez-en partout, aux abords de la pelouse, en bordure de massifs, en îlots… Laissez-les se ressemer, n'y touchez surtout pas. Au fil des ans, elles vont se naturaliser, tout en reprenant les caractères de leurs aïeules, donc avec des teintes plus naturelles. Fleurs, jeune feuillage, racines à la saveur de girofle : tout se mange !

Pâquerette

Réjouissez-vous des pâquerettes qui donnent un aspect de tapis persan aux mille fleurs à votre pelouse. Courantes dans nos sols acides, elles sont persistantes et leur feuillage reste vert même en cas de sécheresse. Riches en carbonate de calcium, elles jouent un rôle de régulateur. Mêlez les jeunes feuilles à vos salades, décorez vos plats avec les fleurs. Vous pouvez aussi les mettre dans du vinaigre, avec 1 cm de queue, et les consommer comme des câpres au bout d'un mois.

Trèfle

Très riche en azote, le trèfle blanc apporte au sol des oligoéléments : calcium, fer, iode, cobalt, magnésium, zinc, manganèse, phosphore, sodium… et ne laisse plus la place aux chardons dans une pelouse sauvage ! Les pelouses contenant du trèfle résistent à la chaleur, sans arrosage, même dans le Midi. Et elles ne nécessitent presque pas de tonte. Dans les mélanges récents de gazon proposés dans le commerce, on incorpore des graines de trèfle pour des situations extrêmes. Avec le réchauffement climatique, c'est l'avenir. Une autre de ses qualités est d'attirer les insectes pollinisateurs, papillons entre autres. Alors, attention à ne pas marcher pieds nus lorsqu'il est en fleurs, car il allèche aussi… les guêpes ! Les feuilles se mangent dans les salades. Les plus grandes, grillées dans un peu d'huile puis égouttées, salées, se servent à l'apéro. Quant aux fleurs, légèrement sucrées, elles colorent les salades.

Et aussi

D'autres plantes sauvages comestibles restent rases après le passage de la tondeuse et constituent une bonne base de pelouse : achillées, plantains, violettes…

DES MASSIFS REVISITÉS

Massifs et plates-bandes peuvent être constitués d'arbustes ou de vivaces, ou d'un mélange des deux, assaisonnés de quelques bulbeuses et annuelles. Si la diversité – gage de santé du jardin – est impérative, ne tombez pas dans l'échantillonnage. Que vous ne plantiez dans un massif que des arbustes ou que vous y mêliez des rosiers, songez aux couvre-sol qui vont habiller leur base tout en les magnifiant. Attendez que la pelouse soit bien implantée pour commencer les plantations des massifs et des bordures. Rien ne presse. Ainsi, vous aurez le temps d'apprivoiser l'espace en étant sûr de vos choix.

Autour du rosier 'Rodin' s'éparpillent des géraniums vivaces dont les fleurs décorent les plats.

J'aime tracer mes massifs petit à petit, m'imprégner du jardin et avancer en douceur pour en créer de nouveaux.

Je tiens compte des jardins voisins et des constructions alentour, pour un bel équilibre. Par exemple, j'en ai installé un pour qu'il serve d'appui au clocher d'une abbaye que j'aperçois au loin. J'opte toujours pour une, deux, voire trois couleurs principales au maximum, assaisonnées par-ci par-là d'une autre teinte.

Prenez votre temps, croyez-en l'expérience d'une « vieille » jardinière. La création d'un nouveau massif est toujours un grand bonheur. Cela métamorphose l'allure du jardin et permet l'adoption de nouvelles plantes, vivaces ou arbustes. Prenez votre temps pour bien comprendre votre jardin, et faites-le évoluer au fil des ans, en installant de nouvelles scènes.

Choisissez quelques plantes que vous aimez particulièrement et qui feront le lien entre tous les végétaux. Ne forcez pas sur les persistants, car cela donne vite un jardin lourd qui paraît manquer de vie, surtout en été. La règle? Un persistant pour deux, trois voire quatre plantes caduques, comme nous l'avons déjà vu pour la haie. Et si nous commencions par les petits fruits, à traiter comme des plantes d'ornement? J'aime les intégrer aux massifs, pour un meilleur rendement, car plus il y a de plantes différentes, plus il y a de gentils pollinisateurs qui vadrouillent, mais aussi pour le look.

LES PETITS FRUITS, ÉVIDEMMENT

Comme ces petits fruits attirent irrésistiblement les enfants, associez-les aux récoltes, confiez-leur un arbuste à surveiller. Le leur, celui où ils pourront cueillir sans demander la permission. Apprenez-leur très tôt à ne pas toucher aux autres baies du jardin, non comestibles et parfois toxiques. Un enfant de 3 ou 4 ans sait faire la différence à partir du moment où on lui explique.

Installez ces plantes au jardin d'agrément, en fond de massif de vivaces ou acoquinées à des arbustes d'ornement ou à des rosiers. Et pourquoi pas en clôture, autour du potager, en cache-misère pour isoler un endroit disgracieux, et près du coin de jeu des enfants ?

Cassissier *Ribes nigrum*

Impossible de se passer de cassis dans un jardin de petits fruits. Facile à placer, simple à cultiver, très rustique, toujours productif, il est incontournable.

Son look

Cet arbuste, qui mesure entre 1,5 et 2 m en tous sens, tient souvent compagnie aux groseilliers, au jardin. Chez moi, il est associé à un rosier, 'Ballerina', en fleurs tout l'été. Les églantines rose pâle font merveille avec les baies noires.

Si l'on a l'habitude de manger les baies de cassis, il ne faut pas pour autant négliger les feuilles, exquises en tisane.

En prendre soin

Soleil, bonne terre de jardin même peu drainée, mais riche en humus, voilà de quoi contenter le cassissier.

Chaque année, en février, supprimez les branches les plus âgées et dégagez le cœur.

QUELLES VARIÉTÉS CHOISIR ?

Diversifiez les variétés de cassissier, pour avoir des cueillettes échelonnées, des saveurs différentes, mais surtout pour obtenir une plus grosse production ! Les variétés anciennes, comme 'Noir de Bourgogne' ou 'Géant de Boskoop', autostériles, réagissent à la fécondation croisée, c'est-à-dire qu'ils sont plus productifs en présence d'une autre variété de cassissier. Toutes les variétés récentes sont autofertiles, comme 'Black Down' ou 'Delbard Robusta', et servent de pollinisateurs aux variétés autostériles. Mais même ces variétés récentes donneront plus de fruits en présence d'autres variétés.

Puis taillez d'un tiers les branches conservées. La touffe doit se limiter à 10-12 branches, aucune branche ne doit avoir plus de 4 ans pour une bonne production.

Partie comestible

Les baies, les feuilles.

Récolte

Elle se pratique, suivant les variétés et les régions, de fin juin à fin juillet.

À table

Il y a tant de façon de consommer les baies que chacun peut trouver *sa* recette. Confection de liqueurs – la fameuse crème de cassis –, sirops, jus, glaces, sorbets, pâtisseries, coulis, gelées. Riche en pectine, le cassis donne des confitures qui prennent vite. Il accompagne parfaitement certaines viandes, dont le gibier. Il se congèle bien.
Les jeunes feuilles, à la saveur très marquée ciselées, s'ajoutent aux salades et font d'excellentes tisanes, bonnes pour les rhumatismes !

LE CASEILLIER

Ce petit fruit encore peu cultivé est une variété hybride obtenue par croisement entre le cassissier et le groseillier à maquereau. Arbuste trapu, vigoureux, non épineux, très résistant aux maladies, il mesure environ 1,5 m en tous sens. La floraison a lieu en avril-mai, un peu plus spectaculaire que celle des cassissiers, sur les branches âgées de 2 ans, suivie, en juillet-août, de baies acidulées, grosses comme des groseilles à maquereau, bien parfumées. Leur peau lisse cache une chair assez proche de la groseille. Le feuillage caduc est légèrement odorant.

Framboisier
Rubus idaeus

Ces petits fruits délicats et parfumés font l'unanimité. Quel bonheur de les picorer sur place, mais quel plaisir aussi de concocter un tas de desserts.

Son look

Les branches sont très souples et ont besoin d'être soutenues. De plus, les framboisiers sont beaucoup plus productifs s'ils sont conduits sur un fil. Plantez des piquets tous les mètres, tendez des fils, accrochez les branches au fur et à mesure de leur croissance. Si vous avez la place, installez-les sur deux lignes : une ligne de remontants, une ligne de non-remontants. Ils peuvent ainsi délimiter le potager ou cacher le composteur et les récupérateurs d'eau.

En prendre soin

Concernant les non-remontants, après la cueillette rabattez au ras du sol les tiges ayant fructifié. Taillez en fin d'hiver les variétés remontantes en supprimant les rameaux de deux ans desséchés, et de moitié ceux qui ont produit à l'automne.

Partie comestible

Les fruits.

Récolte

L'idéal n'est-il pas de cultiver plusieurs variétés, pour étaler les périodes de production ? Les remontants produisent une première fois à l'automne sur les pousses qui ont démarré au printemps, et une seconde au début de l'été de l'année suivante, en même temps que les non-remontants, qui offrent une abondante fructification unique, en juin-juillet.

À table

Les framboises se dégustent telles quelles, mais aussi en confiture, en gelée, en pâtisserie… Le mélange avec le melon est divin. Laissez aller votre imagination…

Quelles variétés choisir ?

Les remontantes

'Belle de Malicorne.' Cette plante très productive, forte en remontée, offre de gros fruits rouge sang, sucrés et goûteux. C'est en juin que la production est la plus importante, donc idéale pour se transformer en confiture, mais la cueillette peut se prolonger jusqu'en octobre.

'Fallgold'. De gros fruits jaunes, de juillet aux gelées, doux, parfumés, fermes et très sucrés. À la saveur fine, sans acidité. C'est surtout en deuxième partie de saison que la production est à son maximum : voilà un framboisier qu'il faut planter afin de concocter de délicieuses confitures à la couleur exceptionnelle.

'September'. Donne de mi-juin à fin juillet puis de mi-septembre à mi-octobre. Un peu tardive mais pas trop, c'est un must en ce qui concerne goût et couleur ! Un pur rouge sang.

Les non-remontantes

'Magnific Delbard'. Excellents gros fruits rouge foncé. Très bonne production, de mi-juillet à mi-août. Résiste aux maladies et à la sécheresse.

'Mailing Promise'. Ce framboisier produit d'abondants et très gros fruits rouge clair, bien parfumés, avec une pointe d'acidité, en juin et juillet, délicieux en gelée, en coulis. Il supporte parfaitement les terrains secs et s'adapte à toutes les situations.

Groseillier
Ribes rubrum

Voici des petits fruits que l'on ne trouve pratiquement jamais sur les étals des commerces, à tel point que beaucoup de personnes n'en ont jamais goûté. Raison de plus pour en planter, afin que tous, grands et petits, profitent de ces baies acidulées.

Son look

1,5 à 2 m en tous sens, pour un buisson à la silhouette élégante. S'il s'associe souvent aux cassissiers, j'aime lui donner un rosier de la même envergure comme compagnon.

En prendre soin

En fin d'hiver, rabattez de moitié les pousses de l'année sur les tiges principales (appelées

UNE TAILLE RIGOLOTE ET PRATIQUE

Si la cueillette sur place vous semble fastidieuse, pourquoi ne pas couper les branches qui portent les nombreuses grappes, juste sous les derniers fruits ? Apportez-les à table, au moment du dessert – ça fait toujours beaucoup d'effet ! – ou posez-les à la cuisine, pour égrener tranquillement. Vous rectifierez le port en février ou mars.

QUELLES VARIÉTÉS CHOISIR ?

'Augustus'. Championne pour la taille des grappes, rouge brillant !!! Vient en août, comme son nom l'indique.

'Blanka'. Pour préparer d'exquises gelées transparentes, choisissez ce groseillier qui produit des fruits jaune foncé, à pulpe très douce, juteuse et parfumée. C'est fin juillet que la production est à son apogée.

'Gloire des Sablons'. Roses, presque abricot, ces fruits sont doux, très doux, aromatiques, parfumés. La cueillette se fait fin juillet. Les gelées et les confitures sont délicieuses et fort belles.

'Rovada'. Cet arbuste, excessivement productif, porte de très longues grappes, qui mesurent parfois jusqu'à 15 cm ! Les fruits rouges, juteux, de très bonne qualité, se récoltent à la mi-juillet et font d'excellentes gelées et confitures.

'Versaillaise Blanche'. Tardive, saveur plus douce que les variétés rouges.

charpentières), puis coupez les pousses latérales (tiges secondaires) à 5 cm. Éliminez les vieilles branches trop grosses, ainsi que les branches faibles et celles qui se croisent, car le cœur de l'arbuste doit être bien dégagé pour que l'air et la lumière pénètrent facilement. Un cœur fouillis favorise les maladies.

Partie comestible

Les baies.

Récolte

Les fruits, suivant les variétés, sont à maturité entre fin juin et début août.

À table

L'acidité est la caractéristique de ces fruits. Les variétés blanches et abricot sont plus douces. Les groseilliers sont tous autofertiles. Aussi, choisissez vos préférés, en fonction de leur saveur. Ainsi, vous ferez des gelées, des boissons, des pâtisseries à votre convenance.

UNE PETITE RECETTE ?

Un vinaigre avec lequel je déglace le foie de veau, et surtout le magret de canard ! Le vinaigre aux groseilles.

Faites bouillir 1 kg de groseilles égrenées dans 1 l de vinaigre de vin, en les écrasant avec le dos d'une écumoire. Au bout de 5 min de douce ébullition, versez cette préparation dans un saladier en verre. Laissez macérer pendant une semaine, au réfrigérateur. Filtrez, mettez en bouteilles.

LES ARBUSTES D'**O**RNEMENT **D**EVIENNENT **D**ES **G**OURMANDISES

Cognassier du Japon *Chaenomeles* spp.

Qu'il est séduisant, le cognassier du Japon, avec sa floraison qui fait jonction entre les arbustes d'hiver et ceux du printemps !

Son look

Il existe de nombreuses variétés, dans des teintes tournant autour du rose, du nacré au vif, en passant par l'orangé et l'abricot, sans oublier le blanc pur. Si, avec une taille trop drastique, on les maintient souvent à 1,5 m en tous sens, en leur laissant la liberté, la plupart peuvent dépasser 3 à 4 m de haut. Les fleurs apparaissent tôt au printemps, côtoyant le feuillage semi-persistant, avant l'arrivée des nouvelles feuilles.

En prendre soin

C'est planté en plein soleil qu'il fleurit au maximum, surtout qu'il résiste très bien à la sécheresse. Il n'a pas vraiment besoin de taille… si vous taillez, pas de fruits ! Autrement, il donne des fruits comestibles. Après la floraison, supprimez les branches gênantes, celles qui se croisent, ainsi que le bois mort. Lorsque l'arbuste a 3 ou 4 ans, éradiquez, chaque année, une ou deux vieilles branches.

Partie comestible

Les fruits.

Récolte

En septembre-octobre.

JOLI, MAIS…

Chaenomeles speciosa **'Mango Storm' est une nouvelle variété apportant un plus à celles que nous connaissons déjà : de très grandes fleurs très doubles, de 5 à 6 cm de diamètre, orange corail avec des reflets saumon, s'ouvrant sur un beau cœur doré. Il ne passe pas inaperçu et convient aux jardiniers qui aiment le flamboiement. Mais pour les gourmands, il a un défaut : il ne produit pas de fruits !**

FRUITS DU COGNASSIER DU JAPON EN GELÉE

Récoltez les fruits lorsqu'ils se détachent. Lavez-les. Coupez-les en quatre. Disposez-les dans un faitout. Couvrez d'eau. Laissez bouillir, à couvert, pendant 15 min, jusqu'à obtention d'une compote. Passez-la dans une passoire au-dessus d'un saladier, en la tassant avec le dos d'une cuillère. Pesez le jus obtenu, mettez-le dans la bassine à confiture, avec le même poids de sucre. Amenez à ébullition, laissez bouillir doucement pendant une vingtaine de minutes.

Grenadier
Punica granatum

Ce petit arbre de 3 à 4 m de haut, réservé aux régions où la température ne descend pas en dessous de −12 °C, offre des fruits rouges ou jaunes à la pulpe délicieuse, juteuse.

Son look

Sur des rameaux grêles plus ou moins épineux, il arbore de petites feuilles caduques opposées, vert pâle devenant jaune d'or à l'automne. Les fleurs souvent solitaires, chiffonnées, à calice épais, vermillon et à nombreuses étamines, s'épanouissent de mai à août.

En prendre soin

Installez-le au soleil, en sol ordinaire, bien drainé. Peu de taille si l'on adopte un grenadier pour sa beauté. Mais, gourmand comme vous êtes, vous désirez de belles récoltes : en mars, éclaircissez afin de ne conserver que 5 ou 6 branches principales. Les fruits se forment en bout des branches sur des bois âgés de 2 ou 3 ans.

Partie comestible

Les graines des fruits frais.

Récolte

En septembre-octobre.

À table

Les baies, de la grosseur d'une pomme, sont formées de loges séparées par de minces cloisons renfermant de nombreuses graines au milieu d'une pulpe acidulée, rafraîchissante et sucrée. La grenade se consomme telle quelle : on l'ouvre en deux et on se régale des grains. Mais ces graines magnifient les salades, salées ou de fruits, en apportant consistance et saveur. Elles colorent joliment un yaourt et font d'excellents jus. Dès que j'ai une grenade bien mûre sous la main, les idées d'utilisation fusent, l'inspiration ne me fait jamais défaut.

QUELLES VARIÉTÉS CHOISIR ?
'Provence', sans hésiter, car il résiste à −10, voire −12 °C. Les gros fruits dorés rougissent sur un côté.
'Fina Tendral' offre des fruits jaune clair à gros grains presque sans pépins, juteux et sucrés.
'Mollar de Elche' donne de gros fruits juteux, jaune clair marbré de vermillon, avec peu de pépins.

Leycesteria
Leycesteria formosa

Son surnom, l'arbre aux faisans, me semble bien usurpé : je défie n'importe quel jardinier d'avoir déjà surpris cet oiseau piller un *Leycesteria* !

Son look

On ne peut se passer de ce petit arbuste d'ornement tout gai, avec ses tiges vert céladon, ses jolies feuilles en forme de cœur lancéolé et ses grappes où se mêlent fleurs et baies tout l'été. Il mesure environ 2 m de haut, sur presque autant de large. Avec son port élégant, évasé, il est intéressant en haie comme en fond de massif de vivaces.

En prendre soin

Il se plaît au soleil ou à mi-ombre, mais il fleurit et fructifie mieux s'il a beaucoup de lumière. Si chaque année, à la sortie de l'hiver, les branches sont rabattues à quelques centimètres du sol, les nouveaux rameaux se reforment très vite pour atteindre 2 m de haut en fin de printemps : c'est la seule façon d'avoir de superbes tiges lumineuses et non du vieux bois, beaucoup moins attrayant. Les feuilles sont vert bleuté. Entre les bractées framboise s'étagent les fleurs ivoire, puis de petites baies se forment, violines, grossissant au fil des paliers, devenant pourpres, pour terminer, au sommet, molles et brun chocolat, presque noires, décoratives jusqu'aux gelées. Pendant de longs mois, les fleurs et les baies se côtoient sur les petites grappes pendantes.

Partie comestible

Les baies.

Récolte

De septembre à novembre, lorsqu'elles sont noires, molles et s'écrasent entre les doigts. C'est le moment de les cueillir.

À table

Lorsqu'elles sont à maturité, elles ont une saveur de caramel légèrement brûlé. Pour les adoucir, j'aime les servir avec une note vanillée. Quelques baies suffisent pour apporter un peu de fantaisie à un riz au lait, à des œufs à la neige, à une crème brûlée, à une glace…

Myrte du Chili
Ugni molinae

Quelle jolie plante, avec son port compact, son feuillage miniature, persistant, serré, épais, brillant. Mais elle est réservée aux régions à hiver doux.

Son look

On l'appelle aussi goyavier du Chili. Adulte, ce petit buisson atteint tout juste 1,5 m, sur 1 m de large. Il est peu rustique, supportant jusqu'à –8 °C, mais ne fructifiant que si les températures ne descendent pas en dessous de –2 °C. Le feuillage est ravissant et odorant. Cet arbuste donne des petites fleurs blanc rosé en fin de printemps, puis des fruits rouge sombre, bien sucrés, d'août à octobre. Ces baies ovales mesurent environ 1 cm.

En prendre soin

Plantez-le au soleil, en terre humifère, drainée. Il est parfait pour donner du volume à un massif de vivaces ou d'aromatiques.

Partie comestible

Les baies.

Récolte

Entre septembre et octobre.

À table

Grignotez ces baies à la saveur de fraise des bois en vous promenant au jardin et mêlez-les à une salade de fruits.

D'AUTRES MYRTES

Un cultivar d'*Ugni molinae*, 'Flambeau', présente un feuillage panaché et des fruits panachés eux aussi, blanc et rouge.
Je ne peux passer sous silence une plante très proche, *Luma apiculata*. On l'appelle aussi myrte du Chili. Elle fut nommée *Myrtus luma*, mais ça, c'était avant ! Ah, nos botanistes nous en font voir de toutes les couleurs ! Donc, *Luma apiculata* habite mon jardin depuis sept ou huit ans. Je l'avais trouvé à la pépinière Lepage Bord de Mer, déjà d'une belle taille, et taillé en nuage. Maintenant, cet arbuste au feuillage persistant, très proche d'*Ugni molinae*, atteint presque 4 m de haut. Je l'adore avec sa myriade de fleurettes blanches, puis ses baies noires comestibles, mais moins intéressantes que celles de son cousin. Toutefois, ce que je préfère, c'est son écorce caramel, magnifique.

Ragouminier
Prunus tomentosa

Cerisier de Nankin est l'autre nom vernaculaire de cet arbuste ornemental et fruitier.

Son look
Ce petit arbuste compact, en fuseau, d'à peine 2 m de haut, est bien rustique. Le feuillage caduc, accompagné au printemps d'une précoce et abondante floraison blanc rosé, donne une multitude de petites drupes délicieuses, fruits rouge vif ressemblant à de petites cerises sans queue, agglomérées contre le bois, à la chair sucrée, exquise et originale.

En prendre soin
Plantez-le en tout bon sol bien drainé, au soleil ou à mi-ombre, en petite haie, au verger, en isolé.

Partie comestible
Les fruits.

Récolte
Mai-juin.

À table
Personnellement, je n'en ai jamais mangé, sauf en confiture (délicieuse), chez des amis. Je l'ai vu en fleurs, mais jamais en fruits. Voici un témoignage qui donne envie de goûter : « C'est une petite cerise qui n'a pas de pédoncule. Elle est collée au bois. Elle est très juteuse avec un gros noyau comme toutes les cerises sauvages mais avec un petit parfum vraiment très sympathique. »

Yucca
Yucca aloifolia

Si le yucca ne fait rêver a priori que les fans de plantes grasses, lorsque, en fin d'été, les énormes épis de fleurs blanches, parfois rose nacré, sont là, c'est un tel spectacle que tout le monde craque !

Son look

Si vous aimez les plantes à l'allure exotique, n'hésitez pas à en adopter un, à condition d'avoir une vraie place à lui offrir, car il a besoin de 4 m en tous sens. Raide, piquant, le yucca à feuilles d'aloès, originaire du sud des États-Unis et du Mexique, est le seul yucca qui peut se ressemer en Europe. Et il ne se gêne pas, parfois !

En prendre soin

Soleil, sol drainé, voici ce qu'il aime. Les embruns et le vent ne lui font pas peur. Il apprécie les sols sablonneux du littoral, son milieu de prédilection.

Partie comestible

Les fleurs.

Récolte

Août à octobre.

À table

Les fleurs sont comestibles ! Charnues, exquises, elles se marient aussi bien aux saveurs salées que sucrées. Comme elles sont en forme de grosse clochette – ou plutôt de tulipe avec la tête en bas –, j'aime les farcir de tartinades diverses, salées pour l'apéro, sucrées pour le dessert ou le goûter. Elles sont ravissantes dans une salade, où elles apportent de la mâche et des saveurs diverses, florales en note de tête, puis arrive vite la note de cœur : la noix verte !

AÏE, ÇA PIQUE !
Surtout, plantez-le éloigné d'un lieu de passage, car les pointes acérées de ses feuilles sont redoutables. Attention, protégez mains et bras avec des vêtements épais au moment de toute manipulation, sans oublier les lunettes ! Certains jardiniers, par précaution, coupent chaque pointe de feuille.
Ne le placez pas dans un endroit où peuvent jouer des enfants.

LES ROSES, DES SAVEURS QUI FONT VOYAGER

Eau de rose, confiture de pétales de roses ou de cynorhodons... Toutes les roses peuvent se manger, mais toutes ne sont pas savoureuses. Ce n'est pas parce que le parfum est puissant qu'elles seront délicieuses en confiture. Inversement, une rose non parfumée peut se révéler très aromatique lorsqu'on la déguste. Certaines sont amères, d'autres douces et suaves, charnues et exquises. Et si certaines roses n'ont aucun intérêt gustatif, ce sont peut-être ses fruits, les cynorhodons, qui sont dodus et sucrés.

Le choix de rosiers que je vous propose est très personnel. N'hésitez pas à goûter quelques pétales lorsque vous rencontrez une rose, si vous êtes sûr qu'elle n'a pas été traitée.

Ce choix tient compte autant des qualités gustatives que de leur facilité de culture et de leur beauté. Il y a tant de rosiers à disposition qu'il est possible de distinguer ceux qui affichent une santé de fer, avec une jolie silhouette, un feuillage brillant exempt de maladies et, bien sûr, une floraison charmante ou éblouissante. Adopter le bon rosier pour le bon emploi, c'est l'une des clés du succès. Après des conseils pour bien cultiver les rosiers, je vous propose une sélection, un bel éventail, fruit de mon expérience. Ce choix tien compte des utilisations qui leur conviennent. Massif, bordures, haies…

Les fleurs sont parfois simples, avec peu de pétales, semi-doubles (en deux rangées de fleurs simples) ou très doubles, avec beaucoup de pétales. J'ai éliminé les roses simples même lorsqu'elles sont bonnes, car il n'y a pas grand-chose à manger ! Que cela ne vous empêche pas de les utiliser en déco, sur une salade par exemple.

Les fruits

Les gratte-cul, ce sont les cynorhodons, petits fruits rouges de l'églantier, notre rosier sauvage, et par extension ceux de tous les rosiers. Ce qu'on appelle les fruits (cynorhodons) sont en fait des faux-fruits : les fruits sont à l'intérieur de cette capsule. Certains rosiers ont une fructification absolument éblouissante qui vaut bien une floraison, d'autant qu'elle se prolonge une grande partie de l'hiver, fournissant une nourriture fort appréciable aux oiseaux. Ce sont surtout les rosiers botaniques qui se parent de ces cascades de perles jaunes, orange ou rouges. Parfois, ces fruits ont la forme d'une gourde, ou encore d'une longue gousse, et peuvent être aussi violets, presque noirs, jaune d'or ou pourpres. On en fait d'exquises tisanes, et de bonnes confitures pleines de vitamine C – si l'on est patient ! Cueillez ces baies lors de vos promenades, mais ramassez aussi les fruits des rosiers de votre jardin, également délicieux. Pourquoi ne pas faire un choix au moment de la plantation en fonction de la fructification ? Les rosiers de type *rugosa*, par exemple, donnent d'énormes fruits à la saveur de prune.

Aux petits soins...

Arbustes, vivaces, bulbeuses et grimpantes accompagnent parfaitement les rosiers, autant pour le look que pour la santé de tout ce petit monde. De la diversité, encore de la diversité. Si vous installez beaucoup de plantes dans votre jardin, les insectes se régulent entre eux, les maladies sont exceptionnelles, car il se crée naturellement un équilibre salutaire.

Ce qu'aiment les rosiers

Un sol profond, bien drainé, aéré, frais, enrichi d'un apport d'engrais organique, voilà ce qu'il faut pour que vos rosiers poussent sans problèmes. Le sol parfait est un sol moyen, ce que l'on nomme « terre à blé ». Voici les sols que vos rosiers détestent : où l'humus pur est trop présent, trop riches en azote, trop acides, ou les sols imperméables ou trop calcaires. Bien installées, ce sont des plantes qui supportent parfaitement la sécheresse.

EN SOL CALCAIRE

Pour l'achat, tenez compte des conseils des pépiniéristes qui annoncent le porte-greffe servant à multiplier le rosier. Si votre terrain est calcaire, ne plantez que des rosiers greffés sur *R. canina* (Laxa), sinon vous courrez à l'échec. Ils sont aussi plus résistants au froid, et la couleur des fleurs est plus forte.

La taille

Les rosiers ont une personnalité propre à chacun d'entre eux, ce qui implique des tailles différentes. Il est évident qu'on ne taille pas un buisson comme un grimpant, un couvre-sol comme une liane. Regardez la façon dont ils poussent et n'entravez pas leur allure. Si la charpente est équilibrée, un simple nettoyage peut suffire. Pour les rosiers remontants, avant le démarrage de la végétation, en février, enlevez toutes les branches mortes ou malades, toutes celles qui poussent vers le centre du rosier. Et pendant toute la saison de floraison, ôtez les fleurs fanées, rectifiez le port de la plante. Taillez toujours au-dessus d'un œil extérieur, afin que la nouvelle branche se développe sur l'extérieur. Du cœur du rosier, les branches doivent partir régulièrement, en éventail. Aucune ne doit se croiser. Taillez seulement après la floraison les non-remontants, car les fleurs se préparent sur le bois de l'année précédente.

Si la fructification est intéressante, ne touchez pas aux fleurs fanées.
Pour que vos rosiers grimpants remontants fleurissent bien, l'opération principale est la conduite des branches. Arquées, à l'horizontale, elles sont beaucoup plus florifères. Enlevez un cinquième des branches qui partent des branches principales en février pour les remontants, et après la floraison pour les non-remontants… sauf s'ils donnent de jolis fruits à l'automne.

DE LA FERMETÉ !
Ne faites pas de sentiment si vous avez chaque année un rosier, toujours le même, très malade : éliminez-le. Il vous oblige à des soins permanents et risque surtout de contaminer les voisins.

Le bon rosier, au bon endroit

En paysage, les rosiers sont partout, mais pas n'importe comment. Il faut choisir le bon, pour le bon emploi.

Les rosiers de bordure

Entourer les allées, jouer les haies basses, cerner le potager… Que demande-t-on à des rosiers de bordure ? De rester sages, à leur place, afin de ne pas gêner le passage des personnes et de la tondeuse, et, bien sûr, ils doivent être sans entretien, afin que les fleurs fanent joliment et tombent d'elles-mêmes. Sans oublier une floraison continue.

'Canicule'

Intéressant en bordure comme en couvre-sol, 'Canicule' mesure 75 à 80 cm de haut et peut dépasser 1 m de large. Les fleurs jaune primevère, parfumées, se succèdent de mai aux gelées. Semi-doubles, elles se détachent sur un beau feuillage brillant.

'Emera'

Prix, récompenses, médailles, ce rosier en est couvert ! Les jardiniers des villes l'ont adopté immédiatement, pour ses fleurs rose indien, très vives, innombrables jusqu'à l'hiver. Tellement innombrables que l'on ne voit plus le feuillage. Il mesure environ 70 cm de haut, pour 50 à 60 cm de large. Rien ne lui fait peur, ni le vent, ni la sécheresse, ni les embruns. Il fleurit de mai à octobre, voire novembre. Si je ne lui trouve pas grand intérêt gustatif, la profusion est telle que je peux en cueillir tous les jours pour orner mes salades de ses pétales abondants.

'Opalia'

Petit frère de 'Emera', ce rosier en a les mêmes qualités, avec des fleurs immaculées, semi-doubles, de 4 à 5 cm, groupées en bouquets.

Ils courent, ils retombent

Pour dévaler une pente, orner une rocaille, jouer les dentelles à l'avant d'un massif trop sage, les rosiers couvre-sol sont devenus, en quelques années, indispensables par leur fantaisie et leur facilité de culture.
Comme pour tous les couvre-sol, le terrain doit être très bien désherbé, car ensuite il est difficile de nettoyer sous la plante. Après la plantation et l'arrosage, paillez soigneusement, pour éviter la venue d'herbes indésirables. Quant à la taille, elle ne sert qu'à endiguer leur propension naturelle à s'étendre. Enlevez les branches mortes, dégagez le cœur en faisant partir les branches de chaque côté.

'Blanche Cascade'

Ce rosier polyantha se couvre pour sept mois de bouquets de miniroses blanc pur, très doubles, au délicieux parfum de citronnelle. Je l'aime particulièrement car il supporte bien les situations mi-ombragées et ses fleurs tiennent à la pluie.

Ils buissonnent, seuls ou en groupe

En isolé, mêlés à d'autres rosiers et arbustes, en fond de massif de vivaces… à vous de voir ! Le seul entretien est la taille, raisonnable, à pratiquer toute l'année, lorsqu'on supprime les fleurs fanées.

'Aspirin'

Ce grand buisson porte des roses nacrées tout l'été. Jeunes, elles ressemblent un peu à celles de 'New Dawn', puis deviennent plus lâches. Je lui fais une taille assez sévère, tout au long de l'été, lorsque je supprime les bouquets de fleurs fanées, tant les tiges sont vigoureuses.

'Nur Mahal'

Les fleurs très parfumées de cet arbuste de 1,5 m en tous sens, sont semi-doubles, rose soutenu, presque pourpres. Elles sont présentes sans interruption, de mai, voire avril, aux gelées. Une mi-ombre ne gêne pas la floraison. L'une de mes préférées à manger, aussi bien en salade qu'en confiture.

À installer parmi les vivaces

Structurer légèrement un massif, lui donner en même temps force et grâce, c'est le talent de certains rosiers. Les vivaces les entourent, les mettent en valeur. Mariage de beauté et de raison, car cette diversité est un gage de bonne santé. Les géraniums vivaces et les centaurées des montagnes les accompagnent très bien. Si ces vivaces n'ont guère de goût, elles sont ravissantes dans les salades.

Vous trouvez certains pétales un peu trop amers pour vos salades ? Coupez la base : la partie supérieure est toujours plus douce. Ce conseil vaut pour toutes les roses.

'Rodin'

Presque 1 m en tous sens pour ce rosier solide qui demande une bonne taille en mars. Les grandes fleurs semi-doubles de presque 10 cm, légères, rose brillant, s'ouvrent dès avril, pour continuer jusqu'aux gelées.

'Milrose'

Dans mon jardin, ce rosier censé mesurer 60 cm dépasse allègrement 1,5 m de haut. Les fleurs se succèdent de mai jusqu'aux premières gelées. Elles sont groupées à l'extrémité des tiges en bouquets de 8 à 12 fleurs. D'un beau rose porcelaine, elles sont semi-doubles. Guère d'intérêt en cuisine, si ce n'est sa prodigalité à offrir en permanence des pétales pour les salades.

'Chapi-Chapo'

Ce rosier a été créé par la pépinière Mela Rosa. Il devrait mesurer 1 m de haut mais, dans mon jardin, il s'amuse à grimper dans l'arbousier voisin, jusqu'à 3 m. J'adore quand les plantes font ce qu'elles veulent ! Après les petits boutons ronds, arrivent des fleurs aplaties, aux pétales extérieurs plus longs, rose soutenu, à légers reflets mauves, s'épanouissant de mai aux gelées.

'Anny Duperey'

Dès mi-avril, les charmantes fleurs jaune jonquille de ce rosier de 1,5 m de haut s'ouvrent, embaumant les alentours de leur senteur citronnée. La floraison se poursuit jusqu'à l'automne.

'Pacific Dream'

Un rêve éveillé, ce rosier. Des fleurs semi-doubles, légères, parme évanescent, au parfum de citron et de violette, que l'on retrouve, presque sucré, dans la bouche lorsque l'on croque un pétale. Il fait partie de mon top 3, en cuisine.

En fond de massif, en haie...

Asseoir un massif à l'avant de quelques grands rosiers, c'est être sûr d'avoir une scène réussie. Quant à la haie, jardin à elle toute seule, elle peut accueillir des rosiers au milieu d'arbustes caducs et persistants, ou encore n'être composée que de grands rosiers.

'Stanwell Perpetual'

Buissonnant, joliment arqué, très épineux, il est parfait en haie naturelle défensive. Le feuillage est particulièrement attrayant, tout petit, bleuté, semblable à une fougère très découpée. 'Stanwell Perpetual' s'épanouit en fleurs rose nacré, plates, très parfumées, se succédant sans arrêt jusqu'à l'automne.

'Blanc Double de Coubert'

Ce rosier du groupe *rugosa* – on les nomme rosiers d'autoroute, où ils sont plantés pour leur résistance à toute épreuve ! – fleurit sans relâche, tout l'été. Ses grandes fleurs blanc pur, presque chiffonnées, se détachent sur un feuillage très sain, vert sombre. 2 m en tous sens. Peut-être ma rose préférée à manger crue, dans les salades. Les pétales sont charnus, goûteux. Rosier remontant, de 1,4 à 1,7 m de haut. Contrairement à beaucoup d'hybrides de *R. rugosa*, il ne fructifie pas. En cuisine, c'est l'un de mes trois chouchous, avec 'Pacific Dream' et 'Nur Mahal'.

'Roseraie de l'Haÿ'

Encore un classique dont on ne peut se passer. Ce rosier solide, élégant, se couvre de fleurs cramoisies, parfumées, tout l'été.

'Olivier Roellinger'

Grandes fleurs semi-doubles, jaune pâle ivoire, ourlées de rose. Parfum et saveur avec des notes fruitées et de sous-bois. Rosier buisson, remontant, de 1,2 à 1,5 m de haut. Dans mon jardin, prisonnier d'une végétation luxuriante, il ne se gêne pas pour montrer qu'il est là, fleurissant parfois à 3 m de haut ! Mais il se contient facilement à une hauteur plus raisonnable, avec une taille appropriée.

Ils grimpent gentiment, et parfois sans vergogne !

Ils s'installent sur les murs, semblables à des dentelles, s'agrippent aux treillages, habillent un pilier. Il y a toujours une petite place, même sur un balcon, pour un rosier grimpant ! Avant tout, prévoyez l'armature qui va le soutenir et le maintenir.

'Pink Cloud'

Les grandes fleurs brillantes, rose fuchsia, légèrement parfumées, groupées en bouquets lâches, remontent jusqu'aux gelées. Ce rosier vigoureux atteint 3 à 4 m de haut. Si le parfum des roses est léger, très léger même, la saveur est aussi très intéressante.

Quand les rosiers lianes partent à l'assaut des arbres et des pignons

Les rosiers lianes transforment un jardin en lieu magique. Ils aiment vivre libres ! Un vieil arbre pas trop touffu, voire mort, un garage, un abri de jardin, tout est prétexte à une profusion de fleurs et, souvent, de fruits. Un conseil : arrimez bien solidement les branches au fur et à mesure de leur croissance pour ne pas risquer l'éboulement du rosier devenu immense, un jour de grand vent.

'Neige d'Avril'

Bien souvent, les fleurs des rosiers lianes sont simples, et voilà pourquoi j'aime particulièrement ce rosier, gourmande que je suis : les petites fleurs sont très doubles ! Dès la fin avril, et pour un mois, il y en a une multitude, couleur neige, groupées en légères inflorescences. Parfum exceptionnel, belle fructification pour cette plante qui atteint 5 à 6 m de haut. Chez moi, ce rosier grimpe dans une aubépine et retombe en cascade le long des branches, mettant ainsi ses roses à portée de cueillette.

Hors concours, voici les reines incontestées

Voici les roses qui, depuis des siècles, sont cultivées pour leur parfum, leurs propriétés médicinales et leur utilisation en cuisine. Je les classe à part, d'abord parce qu'elles font partie de l'Histoire, mais aussi parce qu'elles sont un peu moins faciles à cultiver que les précédentes. Elles sont souvent portées par des rosiers non remontants.

Rosa gallica 'Officinalis'...

... ou rose de Provins est une mutation de la rose gallique, originaire de l'Europe du Sud, jusqu'en Iran. La fleur, pourpre clair, très lumineuse, est ornée en son cœur d'un énorme bouquet d'étamines jaune d'or. Elle est connue en France depuis que Thibault IV de Champagne l'a rapportée dans sa ville de Provins au XIIIe siècle. Elle a fait la fortune de cette ville pendant des centaines d'années. Eau de rose, onguents, remèdes, parfums, confitures, ratafias ont traversé les océans, rendant cette ville célèbre dans le monde entier. Elle est toujours utilisée en confiture, en essence, en huile, en eau, en cosmétique, en médecine. Ce rosier de 1 m en tous sens n'est pas remontant.

'Charles de Mills'

La plus spectaculaire des roses galliques a une origine mystérieuse ! On retrouve sa trace dans des catalogues datant d'avant 1790. Les fleurs sont très plates, avec une multitude de pétales plissés, énormes, rouge carmin tirant parfois sur le violet. Ce rosier mesure de 1,2 à 1,5 m de haut.

'Président de Sèze'

Peut-être la plus belle des roses galliques, avec sa forme pleine, sensuelle, son parfum

et sa saveur exceptionnels. Sans oublier sa couleur, plutôt ***ses*** couleurs, car elles évoluent en fonction du temps et de l'exposition. On y retrouve du rose argenté, du rose magenta, du mauve, du pourpre, du violet… Floraison en juin-juillet, sur un arbuste de 1,2 m de haut sur presque 2 m de large. Je déguste les pétales tels quels, les ajoute dans mes salades, et surtout en fais une excellente confiture. Comme il est très florifère, la cueillette est toujours abondante.

Rosa damascena 'Trigintipetala' ou 'Kazanlik'

Les amoureux de parfums connaissent cette rose, cultivée depuis le XIIe siècle en Bulgarie, pour en extraire l'essence. Les fleurs doubles, un peu lâches, sont rose brillant. L'arbuste mesure de 1,6 à 1,8 m de haut.

'Rose de Puteaux'

Rose pâle, très double, légèrement aplatie, c'est, pour certains, la rose la plus parfumée ! D'origine inconnue, elle doit son nom à sa culture qui se faisait jadis à Puteaux, pour

CONFITURE DE POIRES ET POMMES AUX PÉTALES DE ROSES

- **500 g de poires fondantes**
- **500 g de pommes 'Tentation'**
- **2 gros bols de pétales de roses très parfumées, à peine ouvertes**
- **600 g de sucre**

Lavez et épluchez les pommes et les poires. Coupez-les en quatre et ôtez les pépins. Coupez les fruits en dés. Mettez les fruits recouverts du sucre dans la bassine à confiture et laissez macérer 1 h. Portez à ébullition et laissez cuire doucement pendant 15 min. Remuez, écumez. Ajoutez les pétales de roses après avoir enlevé la partie blanche, à la base, parfois amère. Laissez cuire 30 min tout doucement. Remuez, écumez. Mettez en pots, fermez aussitôt.

la récolte des pétales séchés. Le buisson érigé ploie vite sous le poids des fleurs. Ce rosier mesure de 1,1 à 1,4 m de haut.

R. x *centifolia*

Cette rose chou, appelée rose des peintres, aux nombreux pétales serrés, traverse les siècles avec grâce et bonne santé. C'est la rose de la Fête-Dieu : on jetait les cent-pétales sur le parcours des processions. Ce rosier mesure 1,1 à 1,4 m de haut.

À table !

Avant tout, une recommandation : ne mangez, bien sûr, que des fleurs non traitées, et jamais celles achetées chez un fleuriste.

Quelques pistes pour user et abuser des roses

Pour ajouter à une salade, décorer un plat, en confiture, cristallisés, en beurre (dans une terrine, une couche de beurre, une couche de pétales de roses, une couche de beurre… à laisser reposer au réfrigérateur une journée avant de déguster avec des biscuits ou de jeunes légumes frais), les pétales s'utilisent facilement.

Un conseil pour les cynorhodons, les fameux gratte-cul

Attendez les premières gelées pour faire cette cueillette, les fruits sont plus tendres et plus goûteux. Cueillette qui peut se poursuivre tout l'hiver, tant que les fruits sont bien rouges… et si les oiseaux ne s'en sont pas délectés !

CONFITURE DE GRATTE-CUL

- **Des cynorhodons**
- **1 kg de sucre cristallisé par kilo de purée de fruits**
- **Et de la patience !**

Faites macérer les fruits équeutés dans un récipient empli d'eau pendant une nuit.
Rincez-les, faites-les cuire dans de l'eau pendant 30 min.
Lorsqu'ils sont tendres, ouvrez les fruits un à un et enlevez le « poil à gratter » qui se trouve à l'intérieur.
Passez les fruits au moulin à légumes à la grille fine.
Pesez la purée onctueuse obtenue et ajoutez le même poids en sucre.
Faites cuire en tournant régulièrement avec une cuillère en bois pendant 30 min.
Pour vérifier si la confiture est prise, la bonne vieille méthode est toujours de rigueur : une goutte versée sur une assiette froide doit se solidifier instantanément.
Écumez et mettez en pots.
Lorsque la préparation est froide, coulez une fine pellicule de paraffine. Fermez les bocaux.
Un peu de fioritures ? C'est une confiture qui aime bien quelques notes exotiques. Un peu de cannelle, un soupçon de vanille, quelques zestes de citron…
Si elle se sert au petit déjeuner et au goûter, elle accompagne aussi très bien le gibier et les fromages bleus.

TOUJOURS LES MASSIFS...

VIVACES, BULBEUSES ET ANNUELLES EN VEDETTE

Ça y est, vous êtes prêt à démarrer les massifs de vivaces. N'ayez pas les yeux plus gros que le ventre. Prenez votre temps et n'oubliez jamais que vous pourrez toujours en créer de nouveaux au fil des ans. En effet, il n'y a pas que la plantation à prendre en compte, mais aussi le temps passé à l'entretien pendant les premiers mois.

Dessinez le massif en partant d'une allée, d'un arbre ou de la haie, avec un tuyau d'arrosage bien malléable, si vous le souhaitez d'allure naturelle. Deux massifs ? Tracez-en un autre, en décalé, mais toujours pour répondre au précédent. Il peut être plus petit. Vérifiez de tous les côtés du jardin et de la maison, sans oublier les étages, si le dessin vous convient et rectifiez jusqu'à obtention de... la perfection ! Ensuite, tracez la ligne avec du plâtre avant de retirer le tuyau. Ne traînez pas trop longtemps avant d'entreprendre la préparation du sol : deux ou trois pluies, et le plâtre a disparu !

Si vous aimez les *mixed-border* et les plates-bandes bien rectilignes, marquez leur bord le long de la haie ou d'une allée droite à l'aide d'un cordeau. Suivez la ligne avec du plâtre, avant de commencer à préparer le terrain. En moyenne, les vivaces s'espacent de 30 cm, mais, suivant leur taille adulte, cela peut varier de 15 à 70, voire 80 cm. Sauf exception – une plante gigantesque se suffit à elle-même –, installez-les par trois minimum et en quinconce, afin que, une fois adultes, elles s'imbriquent pour former une touffe naturelle.

Achillée millefeuille
Achillea millefolium

Bien que l'on puisse adopter la forme sauvage, à fleurs blanches ou rose pâle, c'est surtout les variétés colorées qui décorent nos jardins.

Son look

Cette vivace bien rustique arbore des inflorescences plates de fleurs serrées et un feuillage finement découpé, très odorant. La touffe mesure entre 30 et 60 cm en tous sens. Une bonne plante de base pour les massifs ensoleillés !

En prendre soin

Installez-la au soleil, en tout sol, même pauvre. N'hésitez pas à rabattre la touffe après la première floraison à 10 cm du sol. Le feuillage va se reformer vite et les fleurs vont apparaître à nouveau un mois après cette coupe. En mars, rabattez complètement, afin de permettre aux nouvelles pousses d'arriver.

Partie comestible

Les fleurs, les feuilles.

Récolte

De mai aux gelées.

À table

Si l'on peut ajouter quelques feuilles ciselées dans les salades (avec parcimonie, car la saveur est forte) ou les faire sauter dans de l'huile d'olive pour accompagner des pommes de terre ou des haricots verts, ce sont surtout les fleurs que j'aime émietter sur un plat, au moment de servir. On retrouve des notes de thym et d'origan, avec une touche musquée. Attention, parfois, en fin de saison, elles sont amères.

DE VIVES VARIÉTÉS

Parmi les nombreuses variétés, il y en a obligatoirement une dans les tonalités de vos massifs.

'Alabaster' : vanille
'Red Beauty' : fuchsia
'Apple Blossom' : rose nacré
'Cerise Queen' : rose pourpre
'Lilac Beauty' : mauve
'Petra' : framboise
'Terracotta' : safran

Agastache
Agastache foeniculum

Allier la beauté et les saveurs, c'est ce que nous offre cette plante ornementale qui a sa place aussi au jardin d'herbes.

Son look
Tout l'été, cette agastache nous émerveille avec ses longs épis violets, parfumés. Cette grande vivace de 80 cm de haut, élancée, se marie bien avec les plantes qui poussent en touffe ronde.

En prendre soin
Soleil, terre drainée, et voilà ! La rusticité de cette espèce est de −12, voire −15 °C, en sol très drainé. J'aime la rabattre deux fois : mi-mai, à moitié, afin qu'elle soit plus trapue, puis fin mars. Je laisse les tiges sèches tout l'hiver, pour que la petite faune se nourrisse des graines.

Partie comestible
Les feuilles, les fleurs.

Récolte
Les feuilles d'avril à octobre. Les fleurs de juillet à septembre.

À table
Sa saveur anisée rappelle la réglisse. C'est finement ciselées que les feuilles aromatisent les salades, vertes ou de fruits. Glissées dans les papillotes, elles accompagnent les poissons. Les fleurs décorent tous les plats qui se marient à la saveur anisée.

D'INNOMBRABLES AGASTACHES, TOUTES DÉLICIEUSES

Parfums et saveurs oscillent entre menthe et anis, suivant les nombreuses variétés, plus ou moins rustiques.

Agastache rugosa, rustique jusqu'à −15 °C, mesure jusqu'à 1 m de haut, avec de grands épis violets. Les feuilles et les fleurs sont mentholées.

Agastache aurantiaca. Avec un feuillage aromatique, légèrement mentholé, et des fleurs d'un rare coloris abricot, cette vivace peu rustique (−7 °C) et à vie courte est souvent cultivée en annuelle, car elle pousse rapidement. Le feuillage parfumé, gris, presque blanc au revers, et l'élégante floraison prédisposent cette plante mellifère aussi bien aux potées et aux jardinières qu'à la pleine terre, en massif ou en bordure. Hauteur : 70-80 cm.

***Agastache mexicana* 'Red Fortune'**. Avec ses longs épis rose pourpre et son feuillage anisé, cette vivace attire les regards… et les papillons. Hauteur : 1 m. Rusticité : −12, voire −15 °C.

***Agastache* x *hybrida* 'Arcado Pink'**. Très longue floraison pour cette agastache aux senteurs mentholées et aux épis denses, rose violacé. Hauteur : 50-60 cm. Rusticité : −7 °C.

Agastache 'Tangerine Dreams'. Un feuillage aux senteurs de cire, d'anis et de menthe mêlés, et des épis rose pêche. Hauteur : 60-70 cm. Rusticité : −15 °C.

Bégonia vivace
Begonia grandis ssp. *evansiana*

Habillé de grandes feuilles somptueuses, *Begonia grandis*, l'un des seuls bégonias vivaces et rustiques, éclaire les endroits légèrement ombrés de ses fleurs rose nacré. Il existe une forme à fleurs blanches.

Son look

Haut de 50 à 80 cm, il fleurit de juillet à octobre sans discontinuer. Les grandes feuilles épaisses en forme de cœur, vertes à revers rouges sont accompagnées, de juillet à octobre, par des fleurs roses jouant la transparence, en cymes pédonculées, les fleurs femelles formant de grandes ailes. Lorsque l'automne pose ses marques, ce bégonia fond comme neige au

À VOUS DE TESTER…

Tous les bégonias sont comestibles, avec cette note acidulée caractéristique qui se marie aussi bien aux crudités et aux fruits qu'aux produits de la mer. Les bégonias d'appartement, les bégonias tubéreux, les bégonias de bordure… sans oublier *Begonia sutherlandii*, au sublime coloris abricot, vivace aussi, mais avec une rusticité jusqu'à –7 °C seulement.

soleil, les tiges et les feuilles se liquéfiant dès que les nuits sont fraîches.

En prendre soin

C'est à mi-ombre, en sol frais et humifère, que ce bégonia pousse parfaitement bien, supportant des températures jusqu'à –15 °C. Laissez-le s'installer : il va se reproduire grâce à des bulbilles qui tombent au sol et s'enracinent.

Partie comestible

Les feuilles, les fleurs.

Récolte

De juillet à septembre.

À table

N'hésitez pas, pour décorer et apporter une note acidulée à vos salades d'été – salées ou de fruits –, à ajouter quelques fleurs de bégonia. Elles accompagnent aussi les poissons, en remplaçant le citron. Les feuilles ciselées parfument également divers plats.

BULOTS BÉGOS

POUR 4 PERSONNES

- **Une petite poignée de fleurs de bégonia**
- **500 g de bulots**
- **4 oignons rouges**
- **2 tomates 'Orange Queen' bien mûres**
- **20 feuilles de menthe**
- **Gros sel, poivre, piment de Cayenne**

Faites dégorger les bulots pendant 1 à 2 h avec du gros sel, en les rinçant 2 à 3 fois. Plongez-les dans l'eau froide avec du gros sel, du poivre et du piment de Cayenne. Dès ébullition, comptez 1 h 15 de cuisson, puis laissez-les refroidir dans leur eau. Dès que les bulots sont froids, sortez-les, décortiquez-les, émincez-les à l'aide d'un couteau. Puis réservez.
Coupez les tomates en quartiers, mixez-les de façon à avoir une texture épaisse, comme un coulis. Assaisonnez et passez au chinois.
Coupez les oignons en deux sans enlever la peau. Posez-les face coupée dans une poêle avec un peu d'huile d'olive et laissez-les cuire pendant 20 min à couvert.
À la fin de la cuisson, détaillez chaque coque d'oignons.
La grande coque servira de contenant.
Ciselez les feuilles de menthe.
Dans une terrine, mélangez le coulis de tomates avec les bulots et la menthe.
Dressage : prenez les coques d'oignons, remplissez-les avec le mélange de coulis et de bulots.
Posez des fleurs de bégonia (ici *Begonia grandis*, *Begonia sutherlandii*). Vous pouvez utiliser la peau de l'oignon en présentation sur l'assiette, en y déposant quelques fleurs de bégonia et une branchette de menthe.
S'il vous reste du coulis de tomates, remplissez un petit verre à liqueur et décorez d'une feuille de menthe.
Disposez-le sur l'assiette.

Frileux, *Begonia sutherlandii* mérite pourtant d'être dorloté tellement sa teinte est magnifique.

Hémérocalle
Hemerocallis spp.

S'il y a une fleur à manger à planter au jardin, c'est bien l'hémérocalle, autant pour sa bonne santé, sa facilité de culture, sa beauté que pour ses saveurs !

QUELQUES VARIÉTÉS, PARMI TANT D'AUTRES

Hemerocallis fulva est l'hémérocalle la plus connue, que l'on rencontre dans les vieux jardins, avec ses fleurs orange, en juin-juillet. Il faut la planter au potager tellement elle est prolifique. Les touffes dépassent facilement 80 cm en tous sens.

Les fleurs jaune citron d'*Hemerocallis lilioasphodelus* – syn. *H. flava* – sont très parfumées. Elles s'ouvrent le soir. Les touffes atteignent 80 cm de haut.

'Alma Atha' est envoûtante, de juin à septembre, avec ses fleurs rouge sombre presque noires, doubles, finement bordées d'or et frisottées sur les bords. Le feuillage est persistant, et elle mesure 85 cm de haut.

Haute de 80 cm, **'Bela Lugosi'** s'épanouit en juillet-août, en fleurs pourpres à grand cœur jaune. Mariez-la avec des plantes à feuillage clair et lumineux.

En juillet, **'Cool It'** présente des fleurs blanc pur au petit cœur jaune pâle, perchées sur des tiges de 50 cm. Avec sa petite taille, elle fait merveille en bordure ou en potée.

'Double Pop Art', avec son doux parfum, arbore des fleurs doubles, jaune beurre, avec un cœur plus sombre, en juin-juillet. Elle mesure 90 cm.

'Enfants des Cités' ne dépasse guère 60 cm de haut. Rose pêche marqué de pourpre, avec un cœur jaune, cette hémérocalle, à la forme étoilée toute simple, s'épanouit précocement, en mai-juin.

'Graal' mesure 90 cm de haut. Parfumée et remontante, elle présente de larges fleurs rouges à reflets pourpre et bleuté, bordées d'un fin liseré.

'Iron Gate Glacier' s'ouvre, de juin à septembre, en fleurs jaune très pâle, teintées de citron, avec un petit cœur vert chartreuse, au milieu d'une touffe de 60 à 65 cm de haut.

Pas plus de 40 cm de haut pour **'Stella de Oro'**, un grand classique dont on ne se lasse pas, parfait pour jouer les bordures ou vivre en pot. La floraison généreuse, de juin à octobre, est de couleur jaune-orangé.

Son look

Le feuillage rubané et souple de ces vivaces est intéressant de mars à octobre – voire plus, car parfois il est semi-persistant – et structure les massifs. Mais quand les fleurs s'épanouissent, sophistiquées ou sauvageonnes, on ne voit plus qu'elles. La fleur, ressemblant à un lis, ne dure qu'une journée ! Mais le lendemain, une autre a déjà pris sa place. Dans les nouvelles variétés, il y a jusqu'à 50 fleurs par tige, ce qui promet deux mois de floraison. Avec la dizaine de hampes d'une plante installée, spectacle assuré. Leur diversité est telle que chacun peut trouver ses préférées, en toutes couleurs, à part le vrai bleu, mais ça ne saurait tarder… Les tailles varient entre 30 et 90 cm.

En prendre soin

Très rustiques, elles vivent sans soin, au soleil ou légèrement à l'ombre. Bien qu'elles poussent en sol ordinaire, même calcaire, plantez-les de préférence en sol drainé, riche, profond et frais, elles n'en seront que plus belles. Comme il existe une myriade de variétés, cela suscite des vocations de collectionneur. Sans aller jusque-là, il est simple de trouver la couleur qui s'harmonise à un massif ou d'en faire des bordures attrayantes.

Partie comestible

Les feuilles, les fleurs, les boutons.

Récolte

De mai à septembre, suivant les variétés.

À table

Si le feuillage peut se manger, je n'y trouve aucun intérêt. En revanche, la fleur est ma préférée parmi toutes celles qui peuvent se déguster. La fleur et son bouton ! Un vrai délice. Elle est charnue, goûteuse. Certaines variétés sont parfumées, ce qui apporte un plus… que l'on n'aime pas toujours. J'aime les servir crues, farcies au gré de mes envies et de ce que j'ai sous la main.

Quant aux boutons, juste sautés, c'est un délicieux petit légume. Cueillez-les avant qu'on ne devine la couleur des pétales. Faites-les revenir 2 ou 3 min dans une cuillère d'huile d'olive. Salez, poivrez. Servez-les en apéritif ou en légumes, seuls ou accompagnés d'un hachis d'ail et de persil.

HÉMÉROCALLES, FRAISES ET FÈVES

POUR 4 PERSONNES

- **1 barquette de 350 g de fraises Mara des bois**
- **2 radis glaçons (daïkon)**
- **100 g de fèves**
- **8 fleurs d'hémérocalle**
- **Vinaigre balsamique de Modène**

Coupez les fraises en fines tranches. Après les avoir épluchés, coupez les radis glaçons en lamelles fines à la mandoline. Sortez les fèves de leurs gousses, mettez-les à blanchir 5 min dans l'eau bouillante, puis jetez-les dans de l'eau glacée. Égouttez-les. Ôtez la peau et détachez-les en deux.

Dressage : posez au centre de l'assiette les fraises en rosace, ajoutez les rondelles de radis, des fèves et des fleurs d'hémérocalle. Versez de légères gouttes de vinaigre balsamique sur l'ensemble.

Marguerites

Leucanthemum x superbum

Voici la vivace marguerite, la grande marguerite des jardins, aux larges fleurs simples ou doubles.

Leucanthemum vulgare

Et voilà la sauvageonne marguerite des champs, qui jalonne les chemins et les talus, foisonnante. Bisannuelle, elle s'installe dans nos jardins, apportant sa touche naturelle et spontanée.

Leur look

On les aime pour leur vigueur, pour leurs hautes tiges qui jaillissent au-dessus du feuillage épais, vert sombre, brillant et denté.
La grande marguerite convient aux massifs de vivaces. Elle existe en diverses variétés, dont certaines à pétales doubles, voire frisottés. Quant aux marguerites des champs, elles sont parfaites pour animer les prairies fleuries, pour garnir les pentes et les endroits difficiles mais ensoleillés. Elles mesurent entre 50 et 90 cm.

En prendre soin

Elles aiment un sol ordinaire, plutôt drainé, mais détestent la sécheresse estivale.

Partie comestible

Fleurs et feuilles.

Récolte

Entre mai et octobre.

À table

Le goût est fort, typé. Les jeunes feuilles se consomment, ciselées, dans les salades, ou s'ajoutent, cuites, aux quiches et autres tartes de légumes ; les boutons, ainsi que le cœur, confits dans le vinaigre de cidre, servent de condiment. Les ligules décorent les plats et les pâtisseries.

UN PEU DE BOTANIQUE

Ce que nous appelons « fleur » chez la marguerite, comme chez toutes les fleurs de la famille des Astéracées, n'est pas une fleur, mais la réunion d'une myriade de fleurs. Et ce qui semble être un pétale est en réalité une ligule. Les ligules, ou fleurons hypertrophiés, entourent le cœur, lui-même composé de fleurs miniatures, serrées les unes aux autres. Chez nos marguerites communes, les ligules sont blanches. Chez les asters, par exemple, les ligules peuvent être mauves, bleues, etc. L'ensemble se nomme capitule.

Mauve
Malva sylvestris var. 'Mauritania'

Si nous avons choisi cette mauve, au milieu d'une ribambelle de mauves – espèces et variétés –, c'est parce que c'est la plus spectaculaire.

Son look

Parfois annuelle, parfois bisannuelle, parfois vivace, cette mauve se différencie de notre mauve des bords de chemin par de très grandes fleurs, d'une teinte brillante, entre violine et violet, joliment striée. Mais il n'y a pas que les fleurs qui soient d'une belle taille : les feuilles lobées peuvent atteindre 10 cm. La touffe dépasse facilement 1 m de haut. La floraison débute en juin, pour se terminer aux gelées.

En prendre soin

C'est une plante à installer partout, au soleil, en sol drainé, à semer ou à mettre en plant.
Si vous la cultivez en ornemental, rabattez-la de moitié lorsqu'elle mesure 60 cm, afin qu'elle se ramifie, puis oubliez-la. Si vous souhaitez l'utiliser comme légume – elle fait partie d'un plat traditionnel au Maroc –, rabattez-la à 50 cm. La cueillette régulière, pour la consommation, suffit. C'est ainsi que les touffes restent trapues, avec de très grandes feuilles.

Partie comestible

Le feuillage, les fleurs.

Récolte

De mai à octobre.

À table

Toutes les Malvacées se mangent. Fleurs et feuilles. Les fleurs décorent les salades, tandis que les feuilles se consomment en légumes, braisées, en gratin ou en soupe. Ces plantes étant mucilagineuses, elles ont la propriété d'épaissir les plats, à la cuisson. En potage ou dans les sauces, elles apportent un peu de consistance, comme si l'on avait rajouté de la fécule.

QUELQUES PLANTES DE LA FAMILLE DES MALVACÉES

Toutes les mauves : mauve sylvestre, mauve musquée et leurs hybrides. Et aussi les roses trémières, l'anisodontea, les hibiscus, les lavatères (arbustifs et annuels).

Monarde
Monarda spp.

Avec leurs ravissantes fleurs échevelées, les monardes nous offrent leurs saveurs et leurs parfums puissants une bonne partie de l'année.

Son look
Herbacées de 70 à 95 cm de haut, voici des vivaces possédant des tiges à section carrée, typiques des Lamiacées, famille à laquelle appartiennent ces plantes. Les feuilles aromatiques vertes parfois teintées de pourpre, ovales, dentelées, légèrement poilues, sont accompagnées, de juin à septembre, de nombreuses très petites fleurs tubulaires groupées, auréolées d'une collerette de bractées et disposées en verticilles. Certains cultivars portent parfois des fleurs étagées : au centre d'une première apparaît une courte tige donnant naissance à une deuxième, voire à une troisième. Les pollinisateurs les adorent car elles sont riches en nectar. Selon les espèces et les variétés, les fleurs sont rouges, mauves, roses, lilas ou blanches. Toutes les parties de la plante exhalent un fort parfum, mélange de menthe et de bergamote.

En prendre soin
Ces vivaces se placent aussi bien au jardin d'ornement qu'au jardin d'herbes et au potager. Plantez-les au soleil ou à mi-ombre, dans une terre ordinaire bien drainée, assez riche et fraîche. La monarde n'aime ni les sols trop secs l'été ni les sols trop humides l'hiver. C'est une plante rustique qui peut supporter de grands froids.

Partie comestible
Les feuilles, les fleurs.

Récolte
De mai à octobre.

À table
Les feuilles fraîches ciselées aromatisent salades, crudités, viandes, légumes, pizzas, confitures, compotes, boissons. J'éparpille les fleurs sur mes salades, de fruits ou salées.

LA FAMEUSE BOISSON DES INDIENS

Avec les feuilles, on fait une tisane appelée thé d'Oswego, recette des Indiens d'Amérique. Cette boisson ressemble à du thé Earl Grey. Historiquement, c'est la monarde écarlate, *Monarda didyma* qui est utilisée pour ce breuvage, mais toutes les espèces et variétés peuvent être consommées de la même façon.

Œillet mignardise
Dianthus plumarius

Souvenirs d'enfance... Ces petits œillets au charme suranné fleurissent inlassablement les bordures des jardins de grands-mères et sont aussi à l'aise dans les jardins actuels.

Son look

La joliesse désuète de cette vivace, que l'on appelle couramment œillet mignardise, convient aux jardins dont on ne s'occupe guère, car ils poussent tout seuls. Très rustiques, ils forment de gros coussins au port lâche, de 20 à 45 cm de haut, sur autant de large. Le feuillage étroit, long, bleuté, semi-persistant, s'habille de petites fleurs très parfumées, simples ou doubles, souvent frangées. Elles sont blanches ou rouges, en passant par tous les tons de rose.

En prendre soin

Cet œillet aime le plein soleil et un sol bien drainé. Ôtez les fleurs fanées régulièrement. Après la floraison, rabattez de moitié toutes les touffes, afin qu'elles restent bien trapues. L'œillet mignardise fait merveille en bordures (installez ces plantes le long d'un chemin pris régulièrement, pour profiter du parfum exceptionnel des fleurs). Il forme de belles potées et se plaît en jardin de gravier, sur les murets, en auge, au potager et en rocaille.

Partie comestible

Les pétales de fleurs.

Récolte

Mai à septembre.

À table

Les pétales ont une saveur florale et poivrée qui reste longtemps en bouche. Ils apportent une note épicée et exotique à de nombreux plats. J'aime les disperser sur du poulet froid aussi bien que sur une salade de fruits qui a besoin d'être relevée.

QUELQUES VARIÉTÉS

'Sweetness' : un mélange de rose et de pourpre

'Noémie' : rose nacré

'Desmond' : rouge feu

'Ine' : blanc et rouge sombre

Sans oublier une autre espèce au parfum de légende, un bisannuel bien connu qui fleurit en mai et juin : l'œillet de poète, *Dianthus barbatus*, haut de 30 à 70 cm.

Phlox paniculé
Phlox paniculata

Facile à vivre au jardin, ravissant en bouquet, délicieux à croquer, c'est le phlox paniculé !

Son look
Il parfume les nuits d'été, car la floraison tient au coucher du soleil.

En prendre soin
De culture facile, il aime avoir les pieds au frais et la tête au soleil ou à mi-ombre. Indispensable car il s'épanouit en juillet et août, période pauvre en floraison, le phlox se plante par 3 pieds au minimum, d'octobre à mars, en sol frais, voire lourd et argileux, enrichi d'une bonne fumure organique. Un petit truc pour prolonger la floraison : au printemps, lorsque les tiges ont 30 cm de haut, rabattez le tiers à 5 cm du sol. Refaites la même opération 10 jours plus tard avec un autre tiers. Ainsi l'éclosion s'échelonnera, légère et élégante.

Partie comestible
Les fleurs.

Récolte
Pour les déguster, pour découvrir leur délicatesse et leur subtilité, choisissez les boutons bien formés, presque croquants et les fleurs lorsqu'elles viennent juste de s'épanouir, en juillet et août.

À table
La texture est délicate, fine, et ces fleurs se dégustent crues, la cuisson les liquéfiant. Fruitées, elles se parent d'un goût de noix.

PARMI NOS PHLOX PANICULÉS PRÉFÉRÉS

'Graf Zeppelin' : blanc à œil cerise
'White Delight' : blanc pur
'Sommerfreude' : rose nacré à œil fuchsia
'Caroline Van den Berg' : bleu ardoise

POUR L'APÉRO, TOASTS AUX FLEURS DE PHLOX

POUR 48 TOASTS

- 12 tranches de pain aux céréales spécial sandwich
- 200 g de roquefort
- 20 cl de crème liquide
- 1 pincée de sel
- 10 tours de moulin de poivre noir
- 1 bol de fleurs de phlox
- Une branchette d'estragon

Coupez chaque tranche de pain en quatre carrés après avoir enlevé la croûte. Tartinez d'une belle couche de roquefort. Versez la crème bien froide dans une jatte. Ajoutez le sel et le poivre. Montez cette crème en chantilly. Mettez une petite cuillerée de crème au milieu de chaque toast. Disposez joliment des fleurs autour de la crème et posez une feuille d'estragon au sommet de la chantilly.

Petite pimprenelle
Sanguisorba minor

Quelle mignonne plante, avec son feuillage très découpé, en rosette. On l'adopte pour sa joliesse, ses propriétés médicinales et sa saveur particulière, entre concombre et noix verte.

Son look
Spontanée dans les prairies et les pâturages, il y a des siècles que cette sauvageonne a été adoptée dans nos jardins. Bien rustique, elle pousse en touffes de 25 à 60 cm de haut, sur autant de large. Elle se propage par rhizomes ou semis naturel, sans être envahissante. Disposées en rosette, les tiges pourpres, ramifiées, angulaires, dressées ou étalées, portent des feuilles – persistantes en climat doux – vert clair, composées de 9 à 20 folioles de forme ovale, aux contours dentés. En juin-juillet émergent des épis de minifleurs vert et pourpre.

En prendre soin
Cette ravissante plante condimentaire, qui était jadis de tous les jardins mérite de ne pas tomber dans l'oubli. Si, traditionnellement, elle était plantée au potager ou au jardin d'herbes, je l'aime particulièrement en bordure dans les massifs ornementaux à l'allure sauvage. Elle aime le soleil et accepte tous les sols, même calcaires ou sableux.

Partie comestible
Les feuilles.

Récolte
Toute l'année si l'hiver est doux.

À table
La pimprenelle possède un petit goût de concombre et de noix verte, avec une pointe d'amertume et d'astringence. Utilisez les jeunes feuilles fraîches, car le séchage détruit leur goût délicat. Mariez-les à une salade de tomates ou ajoutez-les à une tartine de beurre salé. Les feuilles fraîches, tendres, crues, aromatisent aussi les crudités, les salades, les vinaigres, les omelettes, les mayonnaises, les potages, les poissons, les marinades, les terrines, les légumes, les fromages frais et les beurres d'herbes. En listant ces produits, je réalise qu'elle se marie avec tout ! Traditionnellement, elle figure dans le mélange d'herbes de l'anguille au vert.

Sauge
Salvia spp.

Impossible de parler d'une seule sauge lorsqu'on évolue dans ce monde si riche, puisqu'elles sont toutes belles et comestibles. Je vais vous présenter celles que j'utilise le plus fréquemment, mais n'hésitez pas à en explorer d'autres, aussi bien dans les annuelles, les vivaces que les arbustives.

Salvia officinalis

La sauge officinale, la plus utilisée, est un sous-arbrisseau vivace, rustique jusqu'à –18 °C. Ses grandes feuilles persistantes, vert-de-gris, sont aromatiques, épaisses, ovales ou lancéolées, toutes douces. « Tu es doux… tu es doux comme une sauge… doux comme un ongle… Tu es doux comme un cerf couché… », écrivait Colette.

Son look

Ses tiges dressées sont ramifiées et velues. Plante mellifère, elle possède des fleurs opposées, bleu mauve, disposées par 3 à 6 et formant un épi terminal, s'épanouissant en été.

En prendre soin

À feuilles duveteuses, persistantes et colorées, la sauge officinale est magnifique… et elle le reste si vous prenez soin de la tailler tous les ans, sinon elle se dégarnit de la base et devient dégingandée. Chaque année, début mars, rabattez le plus court possible toutes les tiges, en laissant toujours un départ vert. Si vous coupez sur du vieux bois, la plante ne repart pas.
Elle se place aussi bien en bordure, au jardin d'herbes qu'en pot, au soleil et en sol très drainé. Elle mesure de 30 à 60 cm de haut sur presque 1 m de large.

Partie comestible

Les feuilles, les fleurs.

Récolte

Toute l'année.

QUELQUES VARIÉTÉS DE *SALVIA OFFICINALIS* :

'Icterina' : feuillage jaune et vert, floraison bleu-violet
'Tricolor' : feuillage gris-vert, crème et rose, floraison bleu-violet
'Albiflora' : feuillage gris-vert, floraison blanche
'Purpurascens' : feuillage pourpre, floraison bleu-violet
'Berggarten' : larges feuilles gris-vert, floraison bleu-violet

À table

Quelques feuilles aromatisent les plats mijotés, tandis que les fleurs décorent les salades et autres plats salés ou sucrés. Cette plante fait partie de la tradition culinaire italienne. Essayez les pâtes à la sauge et à l'ail, en faisant frire une poignée de feuilles dans de l'huile d'olive avec quelques gousses, à verser dans les pâtes au dernier moment. Un régal !

Salvia lavandulifolia

Très proche de la sauge officinale, ce sous-arbrisseau rustique se cultive et s'emploie de la même façon. Son feuillage est plus fin et son parfum est plus proche de celui de la lavande.

Les sauges américaines

Peu rustiques, car nées pour la plupart au Mexique, elles se déclinent en une multitude de variétés. Les obtenteurs nous proposent chaque année de nouveaux cultivars. Et tant mieux, car ce sont des plantes fabuleuses pour les jardins où les températures ne descendent pas en dessous de –10 °C.

Son look

Une touffe de 60 cm à 1 m (voire plus) en tous sens, bien ramifiée, habillée de petites feuilles et d'une myriade de fleurettes qui, grâce aux cultivars, présentent toutes les couleurs.
Leur floraison débute en fin de printemps et se prolonge jusqu'aux gelées. C'est d'ailleurs en fin de saison que les touffes sont le plus impressionnantes, toujours épanouies.

En prendre soin

Sol drainé, soleil, taille obligatoire en mars ou en avril, pour lui conserver un port trapu et bien équilibré. Installez ces sauges en bordures hautes, en minihaie, dans les massifs floraux, au potager et au jardin d'herbes.

Partie comestible

Les feuilles, les fleurs.

Récolte

De juillet à novembre.

À table

Avant d'utiliser les feuilles et les fleurs, goûtez-les. Certaines sont très fortes, amères, d'autres plus douces. À vous d'adapter les recettes à votre perception des saveurs. Je les aime tellement que je les mets à toutes les sauces, aussi bien dans les salades que dans les desserts.

Les plus courantes

Salvia microphylla **syn.** ***Salvia grahamii.*** Cette sauge forme une belle touffe de 80 cm de haut, au feuillage à goût de cassis et à multiples petites fleurs rouges. Rustique jusqu'à –10 °C. Délicieuse en salade de fruits ou dans les salades vertes. Il en existe de nombreux hybrides.
Salvia greggii mesure de 80 cm à 1,2 m et pousse en touffe très ramifiée. Quelques cultivars : 'Alba' à fleurs blanches, 'Blush Pink' à fleurs roses, 'Devon Cream' à fleurs crème, 'Peach' à fleurs pêche, 'Sunlight' à fleurs dorées…

Salvia rutilans, syn. *Salvia elegans*

La sauge ananas aux fleurs rouges mesure presque 1 m de haut. Ses feuilles dont le parfum et la saveur rappellent l'ananas, aromatisent les salades de fruits. Rustique jusqu'à –8 °C.

Sedum
Sedum spp.

Orpin des jardins, grand orpin... quel que soit le nom que l'on donne au sedum des jardins, il est indispensable pour sa floraison de fin de saison et sa résistance à la sécheresse. Et pour sa texture, si agréable à croquer !

Son look

Cette plante vivace succulente se décline en plusieurs espèces et en une multitude de variétés. Ses tiges épaisses et ramifiées forment une touffe dressée et évasée de 30 à 60 cm. Les feuilles ovales, non persistantes, sont épaisses, charnues. Au début de l'été apparaissent les boutons floraux regroupés en bouquets verts presque plats, à l'extrémité des tiges. En fin d'été s'épanouissent de nombreuses petites fleurs étoilées, blanches, roses ou pourpres. Elles perdurent jusqu'aux gelées, prenant des teintes rouillées en hiver, et restent décoratives.

En prendre soin

Installez-les au soleil, en massif, en grandes rocailles, en bordure et en potée.

Partie comestible

Les feuilles, les jeunes tiges.

Récolte

D'avril à septembre.

À table

Tous les grands sedums sont comestibles. Les feuilles – et les jeunes pétioles – peuvent se manger d'avril à septembre, mais c'est vraiment en tout début de printemps que les premières sont les meilleures, avec une consistance sans pareille. Épaisses, douces, tendres, goûteuses, juteuses, avec une saveur proche des pois gourmands, sans oublier une légère amertume, elles sont exquises crues : ajoutez une poignée à une salade de laitue ou de mâche.
J'aime aussi les servir chaudes, à peine cuites : je fais blondir 4 échalotes coupées en 4 dans le sens de la longueur dans de l'huile d'olive avec quelques lardons fumés. Au moment de servir, je jette deux poignées de feuilles de sedum. Je remue, je sale, je poivre, je laisse sur le feu une minute, pas plus. Je sers aussitôt, en accompagnement aussi bien de viande que de poisson. Mais c'est avec une omelette que je les préfère !

À planter dans vos massifs... et à manger !

'Bertram Anderson' : feuilles pourpres, fleurs rose vif.
'Autumn Joy' : feuillage bleuté, fleurs rose brique.
'Matrona' : feuillage clair et pourpre, fleurs nacrées.
Sedum spectabile : feuillage lumineux, fleurs rose mauve, et ses variétés dont **'Brillant'**, feuillage bleuté, fleurs rose foncé.
Sans oublier ***Sedum telephium***, le sedum reprise, sauvage et courant en France.
Il en existe une forme au feuillage pourpre et aux fleurs roses : **'Atropurpureum'**.

QUELQUES **B**ULBEUSES…

Les bulbeuses comestibles s'intègrent aux massifs de vivaces, les sublimant ou jouant les discrètes savoureuses. En voici trois en présentation, mais sachez que vous pouvez aussi goûter les fleurs de tous les ails d'ornement à votre disposition chez votre pépiniériste. Certains vont vous faire grimacer et d'autres vous combler !

Tulbaghia
Tulbaghia violacea

Cette plante n'est pas un ail mais, de la même famille, elle en est très proche. Et en a le goût !

Son look

D'une touffe de feuilles bleutées, minces, en lanières souples, s'échappent des tiges raides de 40 à 60 cm de haut surmontées d'ombelles de fleurs mauves.

En prendre soin

Le tulbaghia est souvent vendu en godet, car il se comporte en vivace. Originaire d'Afrique du Sud, il est moyennement rustique, jusqu'à –15 °C. Il déteste la conjugaison froid et humidité et a donc besoin d'un sol bien drainé. Il se plaît au soleil, en pot comme au jardin, où il fait merveille en rocaille, en jardin de gravier et dans les prairies sauvages, s'y naturalisant.

Partie comestible

Les feuilles, mais surtout les fleurs.

Récolte

De mai aux gelées.

À table

Employez feuilles et fleurs dans les plats qui se marient avec les saveurs alliacées.

LINGUINE AUX FLEURS DE TULBAGHIA

POUR 4 PERSONNES

- **300 g de linguine au blé dur**
- **2 aubergines de taille moyenne**
- **4 ombelles de tulbaghia**
- **Huile d'olive**
- **Gros sel**

Faites cuire les pâtes al dente dans de l'eau salée.

Coupez les aubergines en deux, imbibez-les d'huile d'olive et mettez-les au four pendant 30 min à 180 °C, sur du papier cuisson. Sortez les aubergines lorsque la chair est fondante. Prélevez la chair à l'aide d'une cuillère sans abîmer la peau et détendez-la avec un peu d'eau de cuisson des pâtes et de l'huile d'olive, passez au mixer.

Dressage : dans une petite assiette, déposez la demi-aubergine évidée, emplissez-la avec les linguines et le caviar d'aubergine. Décorez des fleurs de tulbaghia.

Dahlia
Dahlia spp.

Si les dahlias furent importés du Mexique pour être mangés, comme les pommes de terre, les Français les préférèrent dans leur jardin d'ornement. Et quel ornement ! Et si vous goûtiez les fleurs ?

Son look

Pour boucher un trou, former rapidement un nouveau massif, décorer le potager, la terrasse, le rebord de fenêtre et créer un jardin bouquetier, les dahlias sont incontournables grâce à la diversité des tailles, des formes de fleurs et des innombrables coloris. Les horticulteurs rivalisent d'imagination depuis trois siècles pour créer de nouveaux hybrides époustouflants. Allant de 20 cm de haut à plus de 2 m, toutes les formes et quasiment toutes les couleurs existent. Le feuillage n'a rien à leur envier. Vert tendre, vert sombre, jaune lumineux, pourpre, il a mille facettes.

En prendre soin

Les dahlias font partie de nos souvenirs d'enfance. Pendant quelques décennies, ils furent un peu mis à l'écart, car jugés désuets, mais leurs nombreuses qualités les ont vite remis sur le devant de la scène jardinière. Faciles à cultiver, ils poussent à toute vitesse, pour illuminer le jardin, de juin aux gelées. Plantez-les au soleil. Attendez le mois de mai pour mettre les rhizomes en terre. Si vous habitez une région où les hivers sont froids, en novembre il faut les hiverner, dans une cagette, en cellier hors gel. Ailleurs, protéger la souche avec une grosse couche de paille suffit. Au départ de la végétation, pincez régulièrement les tiges, afin que la touffe se ramifie.

Partie comestible

Les fleurs, les feuilles. Éventuellement les rhizomes.

Récolte

De juin à octobre.

À table

Si vous êtes curieux, goûtez les rhizomes, après les avoir fait cuire. Sinon, faites comme moi : abusez des pétales tendres et soyeux, dans de nombreux plats, à consommer toujours crus. En revanche, les feuilles peuvent être ajoutées à des plats à cuire. Et, ciselées crues, à des salades.
Chaque variété possède une saveur particulière, plus ou moins douce, plus ou moins amère. On y trouve des notes de carotte, de panais, de céleri…

Safran
Crocus sativus

Savez-vous que le safran est un crocus? *Crocus sativus*. Né en Asie Mineure, ce crocus fut introduit au Cachemire lors des invasions mongoles, puis franchit un grand nombre de frontières.

Son look

Haut de 15 cm, il fleurit gris-violet, en septembre, comme les crocus de printemps. C'est le pistil que l'on récolte sur ces fleurs, plus précisément le stigmate rouge sombre qui se trouve au bout du pistil. Et c'est ainsi que l'on obtient cette épice précieuse au goût subtil qui parfume et colore les plats.

En prendre soin

C'est au mois d'août, lorsque la plante est en dormance, que l'on installe les bulbes, en sachant qu'il faut prendre les plus gros calibres, pour obtenir une floraison plus abondante, donc une cueillette plus valorisante. Les feuilles sortent de terre en septembre et la fleur s'épanouit en octobre. Comptez 30 bulbes au minimum pour avoir 1 g de safran, à condition que chaque bulbe donne 5 ou 6 fleurs, ce qui n'arrive qu'au bout de 3 ans de plantation. Vous pouvez y associer des bulbes de sternbergia, à l'éclatante floraison jaune, mais non comestible. Rien à récolter sur ces derniers, mais le mariage est ravissant. Installez ces bulbes en bordure de massif, au potager ou en rocaille. Le sol doit être bien drainé.

Partie comestible

Les stigmates.

Récolte

Octobre.

À table

La récolte se fait en octobre, le matin, avant que les fleurs ne soient ouvertes. Ensuite, il faut procéder à l'émondage, c'est-à-dire séparer les filaments rouges de la fleur. Puis on fait sécher ces filaments, pour obtenir une poudre, le fameux safran. Entre le nombre de bulbes nécessaires à une petite récolte, le travail que cela demande, de la plantation à l'obtention de cette épice, on comprend pourquoi on l'appelle l'or rouge ! Mariez-le aux poissons, au riz, aux volailles, pour une touche colorée qui fait la différence !

ET QUELQUES ANNUELLES

On les sème chaque année, ou bien elles ont le bon vouloir de se naturaliser. Elles font le bonheur des jardiniers pressés ou imprévoyants, car elles servent parfois de bouche-trous, poussant à toute vitesse. Mais pas seulement : on les aime aussi pour leur beauté et leurs saveurs, lorsqu'elles sont comestibles.

Capucine
Tropaeolum majus

Vous la connaissez, tout le monde la connaît, cette ravissante plante qui joue aussi bien les couvre-sol que les guirlandes.

Son look

De grandes fleurs colorées, souvent dans les tons feu, du jaune pâle au pourpre en passant surtout par les couleurs orange, et de jolies feuilles mates, comme celles des nénuphars, la caractérisent. Ces feuilles, dans certaines variétés, sont panachées. Les variétés basses mesurent 30 à 40 cm de haut, tandis que les variétés grimpantes peuvent atteindre 2 m.

En prendre soin

En avril ou en mai, semez-les en poquet (par 3 ou 4 dans un trou), après avoir fait tremper les grosses graines dures dans un bol d'eau pendant une nuit, pour aider à la germination. Semez les variétés basses en bordure (massifs, potager, etc.) et les grimpantes le long d'un grillage ou au pied d'un arbuste triste en été, comme le lilas.

Partie comestible

Tout : les feuilles, les boutons, les fleurs et les graines.

Récolte

De mai aux gelées.

À table

La capucine est devenue, avec la bourrache, un grand classique de la cuisine des fleurs, la chouchoute des chefs, à tel point que des producteurs se sont spécialisés dans sa culture et sa distribution. Vous pouvez même en trouver en barquette, dans les épiceries fines, voire en supermarché.
Mais ce qui est moins « à la mode », c'est la consommation des feuilles. Elles ont pourtant un goût piquant intense, proche du cresson. Elles font de sublimes soupes, mélangées à des pommes de terre. Pour revenir « à la mode », pourquoi ne pas en faire un pesto? Les boutons et les graines fraîches se confisent, à l'instar des câpres, dans le vinaigre ou l'huile d'olive.

COLIN AUX CAPUCINES

POUR 4 PERSONNES

- **8 feuilles et 8 fleurs de capucine**
- **600 g de colin**
- **1 c. à s. de curry breton**
- **1 œuf**
- **1 gousse d'ail**
- **Huile d'olive**
- **Sel, poivre**

Demandez à votre poissonnier de détailler le colin en 4 tronçons. Mettez une casserole d'eau à bouillir, ajoutez le curry breton. Dès que le bouillon est chaud, plongez les morceaux de colin. Au bout de 10 min, sortez-les et laissez-les reposer.
Épluchez la gousse d'ail, émincez-la. Ciselez 4 feuilles de capucine.
Montez une vinaigrette façon aïoli : cassez l'œuf pour récupérer le jaune. Battez-le avec l'ail émincé et ajoutez l'huile d'olive petit à petit, en fouettant vigoureusement. Salez, poivrez, ajoutez les feuilles de capucine ciselées.
Dressage : posez un tronçon de colin sur l'assiette, arrosez-le avec la vinaigrette, posez 1 feuille et 2 fleurs de capucine.

Bourrache
Borago officinalis

Avec la capucine, voici l'autre fleur incontournable. Un peu trop peut-être : on la trouve à toutes les sauces dans certains restaurants, même avec des desserts, alors que sa saveur est marine !

Son look

La bourrache est une plante annuelle, se comportant aussi en bisannuelle, suivant la date de semis. Elle possède des tiges dressées de 30 à 60 cm de haut. Les grandes feuilles ovales, alternées, sont poilues, garnies de doux piquants. Les nombreuses fleurs bleues en étoile, disposées en grappes, se succèdent en permanence. C'est le bleu intense, très décoratif dans les assiettes, qui fait son succès.

En prendre soin

Semez-la au printemps, en sol ordinaire drainé, et au soleil comme à mi-ombre, puis laissez-la vagabonder au fil des mois et des ans, dans le potager comme dans les massifs, car elle ne gêne pas du tout les plantes voisines. Elle se ressème, donnant deux, parfois trois générations dans la même année. Mellifère, elle a son utilité dans toutes les parties du jardin.

Partie comestible

Les feuilles, les fleurs.

Récolte

D'avril à novembre.

À table

Si ce sont surtout les fleurs qui s'utilisent couramment, je ne néglige absolument pas le feuillage. Toutes jeunes, les feuilles sont croquantes et diffusent des notes marines, d'où ressort un goût d'huître. J'adore les mélanger à mes salades à base de thon ou à des sardines en boîte, qu'elles égayent et rafraîchissent. Cuites, les feuilles rejoignent des épinards et autres légumes feuilles.

Œillet d'Inde et compagnie *Tagetes* spp.

Œillet d'Inde, rose d'Inde, mais aussi tagète pamplemousse ou tagète estragon... Toutes ces plantes de bordure sont bonnes à manger.

Son look

Ces plantes non ou peu rustiques mesurent entre 25 cm et 1,5 m. Leur feuillage fin est très odorant, avec une saveur marquée. Les fleurs sont jaunes, orange, rouille...

En prendre soin

Vous pouvez les acheter en plant, à partir de mai, sur les étals des jardineries, présents avec d'autres plantes saisonnières pour les classiques, et chez les pépiniéristes spécialisés pour les espèces plus rares, très aromatiques. Si vous souhaitez les semer, faites-le sous abri en février ou en mars. Repiquez les plants en godets en avril. Plants à mettre en pleine terre lorsque les gelées sont passées. Soleil avant tout ! Pratiquez l'épluchage quotidien des fleurs fanées, à l'aide d'une paire de ciseaux, pour avoir toujours une plante nette.

Partie comestible

Les feuilles, les fleurs.

Récolte

De juin à octobre.

À table

Si les **œillets d'Inde** (*Tagetes patula*) et les **roses d'Inde** (*Tagetes erecta*) ainsi que tous leurs hybrides peuvent se manger, ils n'ont pas la finesse de certains, que je vous présente. Ils parfument salades, desserts et boissons.

Tagetes lemmonii, le **tagète pamplemousse** (ou tagète en arbre). On l'aime surtout pour son feuillage où se mêlent des notes d'agrumes et de menthe. Cette grande plante (jusqu'à 1,5 m) s'épanouit tout l'été, en innombrables mignonnes fleurs simples, mandarine. En région à climat doux, tentez de le conserver d'une année sur l'autre, en protégeant la touffe avec de la paille. S'il est cultivé en pot, rentrez-le en serre froide fin octobre.

Tagetes tenuifolia* var. *pumila. Des fleurs d'or tout l'été, se détachant sur un fin feuillage aux senteurs citronnées. 'Red Gem' arbore une profusion de petites fleurs vermillon. Port en boule de 40 cm.

Tagetes lucida. On l'appelle **estragon du Mexique**, son feuillage anisé rappelant celui de cette aromatique ; fleurs et feuillage se consomment, comme chez l'estragon. Rustique jusqu'à –7 °C, il mesure 60 cm environ.

Souci
Calendula officinalis

Cette plante se ressème si bien qu'on la rencontre dans les vieux jardins et même dans les talus et les bords de chemin, près des villages.

Son look
Si le souci mesure en moyenne 30 à 40 cm, certaines variétés atteignent 70 cm de haut. Dans le Midi ou en régions du littoral, il ne gèle pas, aussi ses corolles aux multiples pétales égayent la mauvaise saison.

En prendre soin
Cette plante est à semer un peu partout, en variétés classiques, jaunes ou orange, ou en plus étonnantes, cuivrées ou rousses… Soleil, mi-ombre, sol ordinaire, drainé, même calcaire : le souci n'est pas difficile. Avril est la bonne période pour le semis, en place. En bordure, en massif, en rocaille, en potée, au jardin bouquetier, au jardin d'aromatiques, de médicinales et au potager. À partir de septembre, ne supprimez plus les fleurs fanées. Laissez-les monter à graines, afin qu'elles se ressèment. Ainsi, vous en aurez à vie !

Partie comestible
Les fleurs.

Récolte
D'avril à novembre, toute l'année en climat doux.

À table

Plante tinctoriale aux multiples emplois, le souci est utilisé pour teindre les tissus. Mais c'est aussi une plante comestible : les cuisiniers l'apprécient particulièrement comme colorant alimentaire naturel, car il colore de jaune crème les préparations culinaires, telles que les sauces, les crèmes, les laitages, le riz, les pâtes. Il donne également une belle couleur or au beurre. Les jeunes feuilles, les boutons ainsi que les pétales égayent les salades.

RISOTTO AUX HERBES ET FLEURS DE SOUCI

POUR 4 PERSONNES

- **200 g de riz type Arborio**
- **100 g de champignons de Paris**
- **1 oignon jaune**
- **50 g de parmesan**
- **Une poignée de feuilles de berce**
- **Une tasse à café de feuilles et fleurs d'origan**
- **12 fleurs de souci**
- **Huile d'olive**
- **10 cl de vin blanc sec**
- **Sel, poivre**

Préparez un bouillon en faisant chauffer de l'eau avec la berce et l'origan (en mettant de côté 4 inflorescences), salez. Coupez l'oignon en brunoise et faites-le revenir dans de l'huile d'olive jusqu'à transparence. Ajoutez le riz, mélangez. Déglacez avec le vin blanc. Ajoutez 8 fleurs de souci.

Coupez les champignons en dés. Mélangez petit à petit pendant 15 à 20 min le riz avec le bouillon restant au chaud. Dès que la texture du riz est à point, ajoutez les champignons et versez encore une louche de bouillon. Lorsque le bouillon est « avalé », arrêtez la cuisson, retirez les fleurs, râpez le parmesan et mélangez-le avec le riz.

Dressage : sur l'assiette, posez un emporte-pièce, emplissez-le de risotto. Tassez, retirez l'emporte-pièce. Déposez des pétales des soucis et une inflorescence d'origan sur le riz.

COUVRE-SOL POUR GOURMANDS

Les couvre-sol – plantes vivaces la plupart du temps, mais aussi ligneux à port prostré et plantes grimpantes qui s'alanguissent – donnent une unité aux massifs, tapissent les pieds des arbustes et parfois tiennent même le rôle de pelouse. Ils sont indispensables dans tous les jardins, mais encore plus dans un jardin d'ombre, surtout qu'il y a énormément d'espèces et de variétés à introduire et à marier entre elles. Les pulmonaires, avec leur diversité, y jouent souvent les vedettes, accompagnées de lamiers, d'ajuga ou d'aspérule, entre autres, et aussi de lierre terrestre, que nous avons déjà rencontré au chapitre « pelouse »…

Certains, très envahissants, ont leur place au pied de la haie : ils ne gênent pas la pousse des arbustes, et, pour les juguler, il suffit de passer la tondeuse s'ils font mine de s'échapper du lieu qui leur est attribué. C'est le cas de la consoude, de l'ail des ours, de l'ail triquetrum, de l'houttuynia.

Au soleil comme à mi-ombre, les fraisiers des bois font le bonheur des grignoteurs, petits et grands.

Ail des ours, *Allium ursinum*. Bien sûr, je ne me passe pas de cette plante délicieuse, mais « point trop n'en faut » ! Elle est tellement devenue une vedette en quelques années que je la boude presque. Je dis bien presque, car lorsqu'elle est en végétation, de mars à juin, et surtout en mai au moment de la floraison, je m'en régale. Dans les salades, en particulier. Je laisse les pestos aux amis qui la découvrent…

Ail triquètre, *Allium triquetrum*. J'ai installé ce petit ail avec l'ail des ours. Ils sont aussi envahissants l'un que l'autre, donc je les laisse se battre sur le territoire alloué. L'ail triquètre continue sa végétation pendant que l'ail des ours dort déjà. C'est parfait pour les cueillettes échelonnées. Et je le trouve aussi intéressant en cuisine !

Ajuga, *Ajuga reptans*. On appelle parfois bugle cette petite plante au feuillage vernissé et aux épis bleu-violet. Bien plaquée au sol, elle tapisse parfaitement et en permanence. Les feuilles sont un peu fermes, ce qui n'empêche pas qu'elles enrichissent mes salades. Cuites, elles se mêlent aux légumes feuilles, dans les tartes et autres quiches. Il en existe de nombreux cultivars, à feuillage pourpre et panaché.

Aspérule, *Galium odoratum.* L'aspérule odorante est une petite merveille. Le feuillage vert acidulé apparaît en avril, suivi de petites fleurs blanches. Il se dégage de l'ensemble, surtout après la cueillette et quand commence le séchage, une odeur de foin, de mimosa et d'amande, due à la coumarine. C'est en infusion, dans le lait pour préparer des desserts ou dans le vin blanc pour concocter un apéritif sympa, que je l'emploie le plus souvent.

Consoude, *Symphytum* spp. La consoude est trop coureuse ? Justement, c'est pour cela qu'on l'aime. Plantée à bon escient, elle s'étend comme elle veut. Elle déborde sur la pelouse ? Un coup de tondeuse, et voilà ! Il en existe de multiples variétés. Les feuilles se mangent en mélange avec les légumes feuilles, en beignets ou panées, tandis que les fleurs décorent les plats…

Fraise des bois, *Fragaria vesca.* Ces petits fraisiers sont arrivés tout seuls dans mon jardin, et s'installent partout, au soleil comme à mi-ombre. Je les adore. Ils sont en fleurs de mars à novembre, et il est possible de picorer les petits fruits jusqu'à l'entrée de l'hiver.

Houttuynia cordata. Voici une plante envahissante en terre très fraîche, beaucoup plus sage en sol sec. Le petit feuillage est très odorant. Senteurs et saveurs que certaines personnes détestent. Personnellement, j'aime beaucoup. Les notes de mandarine amère des feuilles ciselées apportent de la personnalité à mes salades.

Lamier, *Lamium* spp. Tous les lamiers peuvent se manger, à raison de quelques feuilles ciselées dans les salades, ou cuites en plus grosse quantité. *Lamium maculatum* 'White Nancy', par exemple, illumine les endroits ombragés de son feuillage argenté et de ses fleurs immaculées.

Pulmonaire, *Pulmonaria officinalis.* C'est un couvre-sol parfait au pied des rosiers ou de petits arbustes qu'il met en valeur. Les fleurs apparaissent tôt au printemps, les feuilles velues sont souvent tachetées, pointillées ou éclaboussées d'argent. Les feuilles s'ajoutent, cuites, aux légumes feuilles. Les fleurs s'utilisent en décoration de plats.

Sans oublier le lierre terrestre, l'*aegopodium* et la menthe pouillot, rencontrés dans les plantes pour la pelouse gourmande.

LES GRIMPANTES

Dentelles ou couvre-mur ? Elles sont indispensables pour donner du relief au jardin ou pour cacher ce qui est laid. Ces plantes acrobates personnalisent balcons, terrasses et jardins, leur donnant vie.

Avant de craquer pour leur joliesse, il est impératif de connaître leur rusticité et la façon dont elles s'accrochent.

Certaines poussent en rameaux sarmenteux, à la croissance continue. Elles conviennent à la culture sur pergola ou dans un arbre : on les fixe au fur et à mesure de leur croissance. D'autres ont des rameaux volubiles, comme la glycine. Leurs branches s'enroulent d'elles-mêmes autour des poteaux, devenant ligneuses au fil du temps : il leur faut des structures solides, treillis, arches ou arbres. Quant aux plantes dont les rameaux possèdent des vrilles, elles s'enroulent, s'élèvent et s'agrippent sur les fils de fer, les grillages, les treillages ou les branches d'arbustes : c'est le cas de la passiflore, de la vigne, des

pois de senteur… Les vrilles, ce sont des folioles ou des pétioles modifiés.
Les rosiers et les ronces se servent de leurs épines pour s'accrocher, puis se hisser.
Les grimpantes à crampons – la bignone, par exemple – se fixent d'elles-mêmes solidement sur le support. Mais aucune, à ma connaissance, ne figure dans les comestibles.
Pour aider celles qui n'ont pas la faculté de s'agripper seules, utilisez des attaches. Pour les grosses branches, optez pour des liens en plastique ou en métal. Pour les tiges fines, choisissez le raphia, qui se manie bien et a un côté « jardin de grand-mère ».

Laissez les pois de senteur vivaces, sans intérêt l'été, s'envoler dans les arbustes.

Fuchsia royal
Fuchsia regia

Oui, oui, ce fuchsia est grimpant. Il se hisse jusqu'à 2,5 m de haut sans prendre trop d'espace au sol… au début, car ensuite il drageonne allègrement.

Son look

De bonne vigueur et relativement rustique pour un fuchsia, il produit de mai à octobre de jolies et aériennes fleurs rouges sur des tiges presque grimpantes qui se faufilent sur leur support, un arbuste servant de tuteur étant l'idéal. Se forment, au fil des mois, de petits fruits qui mûrissent en novembre, accompagnés des dernières fleurettes. Ces fruits allongés, violines puis noirs à maturité, sont très sucrés.

En prendre soin

Si ce fuchsia résiste à des gels de –10, voire –12 °C en sol drainé et planté à l'abri des vents, il ne fructifie bien que dans les régions où les hivers sont doux, comme le long de nos littoraux. Il aime le soleil, mais se débrouille, en grimpant, pour le trouver si nécessaire !

Partie comestible

Les fruits.

Récolte

De septembre à novembre.

À table

Tous les fruits de fuchsia peuvent être mangés, mais certains sont insipides ou doucereux, tandis que d'autres, astringents ou amers, irritent légèrement la gorge. Ceux de *Fuchsia regia* sont délicieux. Vous pouvez les transformer en confiture, en garnir des tartes, ou simplement les déguster sur place, au jardin.

MA CONFITURE DE BAIES DE FUCHSIA

- **2 tasses à café de baies de fuchsia**
- **1 tasse et demie de sucre spécial confiture**

Versez dans un petit plat à micro-ondes sucre et baies, avec 1 c. à s. d'eau. Mettez, couvert, au four à micro-ondes pendant 10 min. Remuez, remettez 3 min, sans couvrir. Vérifiez que la confiture est prise et, si nécessaire, remettez à cuire pour 1 min. Mettez en pot aussitôt.

Précision : si je fais cette confiture au four à micro-ondes, c'est simplement que je n'ai jamais une récolte suffisamment abondante pour sortir la bassine à confiture !

Kiwi
Actinidia chinensis

Lorsque la plante est bien installée, c'est par centaines que vous récoltez les kiwis, véritables sources de vitamine C.

Son look

Cette liane, originaire de Chine, mérite d'être plantée simplement pour la beauté de son feuillage en forme de cœur et la joliesse de ses fleurs simples, aux grandes étamines dorées, en juin.

En prendre soin

Palissez cette grimpante exubérante le long d'un mur ou d'un grillage solide, car les pousses de l'année peuvent atteindre 10 m de long. Elle aime une orientation ouest ou sud et supporte jusqu'à −18 °C. Certains pieds, les femelles, sont fructifères et d'autres, les mâles, assurent la fécondation. Pour un pied mâle, vous pouvez planter jusqu'à 6 pieds femelles. On trouve aussi chez les pépiniéristes des pieds de kiwis autofertiles, mais les fruits sont plus petits.

Partie comestible

Les fruits.

Récolte

Novembre-décembre.

À table

Les feuilles commencent à tomber et vous pouvez cueillir ces espèces de petites souris rigolotes. Entreposez-les, sans les choquer, dans des cagettes, dans un lieu de garde sec et aéré, si possible entre 12 et 15 °C, afin de les

conserver jusqu'en février. Ils se dégustent lorsqu'ils sont souples sous le doigt. Vérifiez régulièrement leur état. Ils arrivent plus vite à maturité dans une pièce à température ambiante : chaque semaine, prélevez les kiwis nécessaires à votre consommation, posez-les dans un compotier, dans la maison, en compagnie de pommes. Ces dernières dégagent de l'éthylène, ce qui active la maturation des kiwis. Si le mûrissement s'avère un peu long, placez-en quelques-uns dans un sac en plastique, avec une pomme, refermez bien : 2 ou 3 jours après, ils sont mûrs à point ! À vous les jolies salades de fruits !

KIWAÏ, *ACTINIDIA ARGUTA*
Voici un petit frère du kiwi, moins connu, et c'est dommage. Cette liane de 6 à 8 m de haut donne des fruits ovales de 3 à 4 cm, verts, jaunes ou rouges selon la variété, à saveur acidulée et parfumée, agréable et rafraîchissante. On mange tout, même la peau lisse ! Il faut un pied mâle et un pied femelle.

Glycine
Wisteria spp.

Avec ses longues grappes au sublime parfum et une rusticité à toute épreuve, la glycine s'invite dans votre jardin pour des siècles.

Son look

Cette grimpante pousse en longues lianes souples qui s'enroulent autour de leur support. Les feuilles, composées de folioles ovales, mesurent jusqu'à 40 cm de long. Les grandes grappes retombantes de fleurs papilionacées apparaissent en mai, puis en septembre pour certaines variétés.

En prendre soin

Romantique, suranné, actuel, rigolo ? Choisissez le bon support : il faut une charpente solide, car les branches adultes sont capables de tordre une grille. Gloriette, pergola, tonnelle et arceaux changent l'allure d'un jardin. Suivant la place dont vous disposez, son style et votre budget, adoptez la structure qui convient pour enjoliver

MON SIROP DE GLYCINE

POUR 50 G DE FLEURS, IL VOUS FAUT

- 50 cl d'eau de source
- ¼ de citron bio
- 500 g de sucre roux

Mettez les fleurs et le citron coupé finement dans l'eau bouillante, laissez infuser 15 min, filtrez, en pressant légèrement les fleurs. Ajoutez le sucre, mettez à chauffer à feu doux pendant 15 min, en remuant. Versez ce sirop aussitôt dans une bouteille stérilisée. Laissez refroidir. Conservez ce flacon au réfrigérateur. Si ce sirop peut se consommer en boisson mélangé à de l'eau, je l'utilise surtout pour apporter une saveur raffinée à un laitage ou pour sucrer une salade de fruits.

LE BON CHOIX

Même si les fleurs de la glycine du Japon, *Wisteria floribunda*, sont plus spectaculaires, amateurs de senteurs et de saveurs, préférez la glycine de Chine, *Wisteria sinensis*. Elle fleurit en grappes mauves ou blanches, de 30 cm de long, et c'est surtout en mai, le soir, qu'elle diffuse sa merveilleuse fragrance intense et pénétrante composée de notes épicées et sucrées.
La glycine du Japon fleurit entre fin mai et début juin, lorsque apparaît le feuillage. Ses tiges s'enroulent de gauche à droite.
La glycine de Chine s'épanouit début mai sur le bois nu puis remonte légèrement en fin d'été. Ses tiges s'enroulent de droite à gauche. C'est la plus vigoureuse. Et la meilleure !

l'espace. La glycine aime aussi s'enrouler autour du tronc d'un arbre et monter, libre, jusqu'au faîte. Dans un hêtre pourpre, c'est une merveille.

Partie comestible

Les fleurs. Attention, toutes les autres parties, dont les feuilles et les graines, sont toxiques.

Récolte

Mai, août, septembre.

À table

Les fleurs de la glycine ont exactement le goût de leur parfum : floral, sucré, poivré, épicé… Elles apportent une pointe sophistiquée aux plats les plus simples. J'aime aussi les croquer telles quelles, lors de balades…

MES FRAISES À LA GLYCINE, TOUT SIMPLEMENT

Trois minutes pour préparer et apporter à table ces coupelles, où, après avoir posé des fraises du jardin, j'ajoute les fleurs de glycine blanches (bien entendu, ça fonctionne aussi avec les mauves, mais je trouve ça moins joli). Je cisèle, suivant mon envie ou ce que j'ai sous la main, quelques feuilles de mélisse ou de menthe.
Et je parsème de fleurettes : lavande, menthe, lierre terrestre, romarin, etc.

SOUPE DE FRUITS ET JAMBON À LA GLYCINE

POUR 4 PERSONNES

- **1/2 melon bien mûr**
- **2 pêches blanches**
- **2 tomates**
- **2 tranches de jambon cru**
- **Glycine blanche et mauve**
- **1 c. à s. d'huile d'olive**

Émondez les tomates (ébouillantez-les quelques secondes, puis passez-les dans de l'eau glacée pour les éplucher), conservez la peau.
Coupez le melon et les pêches en petits cubes. Passez-les au mixer avec les tomates.
Ajoutez l'huile d'olive.
Coupez le jambon cru en petits morceaux.
Dressage : mettez du coulis dans une assiette creuse, parsemez de jambon cru et posez au centre les fleurs de glycine et la peau de tomates

Mûre géante
Rubus spp.

Mûre ronce, mûre-framboise... il existe de nombreuses mûres géantes, les descendantes des ronces sauvages. La plupart des hybrides n'ont plus d'épines et, surtout, les fruits sont plus gros.

Son look

Si vous avez un endroit où en faire courir et grimper une, adoptez-la : elle sera très productive et exempte de maladies ! Ces plantes vigoureuses fleurissent joliment en mai, blanc rosé, attirant abeilles et papillons. Suivent en milieu d'été et en automne des fruits rouges devenant noir brillant.

En prendre soin

Au soleil ou légèrement à l'ombre, choisissez précisément l'endroit où va grimper la plante, car elle peut être envahissante. Le support doit être solide et suffisamment grand : tronc d'arbre, pitons et fils solides sur un mur, treille, gloriette, treillage, arche... C'est surtout la deuxième année de plantation que les branches deviennent vigoureuses. Palissez-les au fur et à mesure et attachez-les solidement sur leur support. Une simple taille de nettoyage, en automne, suffit. Éliminez les branches ayant donné des fruits et palissez les nouvelles branches.

Ces plantes ne sont jamais malades et ne sont pas la proie de ravageurs... à part les oiseaux ! Vérifiez régulièrement autour de votre plante, jusqu'à 2 ou 3 m, car elle se marcotte souvent seule.

Partie comestible
Les baies.

Récolte
Août, septembre.

À table
La cueillette se prolonge sur un mois. Vous pouvez conserver les fruits 2 ou 3 jours au réfrigérateur et les congeler sans souci. Et en faire des compotes, des confitures, des tartes... Si vous trouvez ces fruits un peu fades, n'hésitez pas à les mélanger avec des bananes, des pommes, etc. Ils accompagnent bien les viandes blanches et les fromages.

Quelques variétés, parmi mes préférées

Mûres ronces sans épines
'Jumbo'. Cette variété produit de gros fruits juteux mûrs en août. Les branches mesurent 3 m de haut.

'Lochness'. Les tiges à feuillage persistant, dépassent 3 m de haut. Les gros fruits brillants, fermes et d'une délicate saveur douce se récoltent de mi-juillet à fin août.

'Thornfree'. Les longues branches peuvent atteindre 4 m de haut et couvrir une pergola. Elles offrent, de mi-août à la fin septembre, d'énormes et nombreux fruits noirs, coniques.

'Triple Crown'. Les fruits géants, très abondants, juteux, sucrés, se cueillent en août et en septembre, sur une plante qui atteint 2 m de haut.

Mûre-framboise
'Tayberry'. Cette liane aux gros fruits pourpres, allongés, doux et délicieusement parfumés, mûrs de mi-juillet à mi-août, est un croisement d'origine écossaise entre une mûre et une framboise. Très vigoureuse, productive, elle est légèrement épineuse.

MARMELADE DE MÛRES ET POMMES VERTES

- **1 kg de mûres**
- **6 pommes vertes**
- **1 kg de sucre cristallisé**

Lavez rapidement les mûres sous l'eau. Épluchez les pommes et coupez-les en tranches très fines. Versez les mûres, les pommes et le sucre dans un grand saladier. Deux heures plus tard, versez ce mélange dans la bassine à confiture et faites cuire 30 min, écumez. Mettez en pots. Attendez 1 h avant de les fermer.

MÛRES, COCHON ET ROMARIN

POUR 4 PERSONNES

- **30 mûres**
- **800 g de gorge de cochon**
- **1 gros fenouil**
- **De belles branchettes de romarin**
- **Fleur de sel**

Faites cuire votre gorge de cochon soit au barbecue, soit à la plancha (ici, un Ofyr). Comptez environ 45 min, jusqu'à ce que la couenne soit bien croquante. À la fin de cette cuisson, le cochon doit être rosé. Détaillez-le en tranches, que vous remettez à cuire quelques minutes, en les couvrant de romarin. Coupez le fenouil en tranches de 5 mm. Mettez-les aussi à cuire sur la plancha.

Mettez les mûres à confiturer dans une casserole, avec 1 c. à s. d'eau, en en réservant 12 pour la présentation.

Dressage : sur l'assiette, posez des morceaux de cochon décorés de fleurs de romarin. Faites un rappel avec une branchette de romarin et posez 3 mûres fraîches. Posez le fenouil à côté, puis les mûres cuites. Parsemez l'ensemble de fleur de sel.

Passiflore bleue
Passiflora caerulea

Cette plante exubérante nous offre de grandes fleurs splendides, très particulières, de juillet à octobre.

Son look

Elle atteint facilement 8 à 10 m de haut. Le feuillage, persistant en climat doux, composé de 5 à 7 folioles, est attrayant. Les fleurs parfumées, de 8 à 10 cm de diamètre, aux pétales et sépales bleutés, ornées d'une couronne bleu violacé à cercle blanc, se succèdent tout l'été. Les fruits, en forme d'œuf orange vif, ne mûrissent que lors d'étés chauds.

En prendre soin

Cette grimpante couvre son support à toute vitesse, à condition qu'il soit au soleil. Elle peut supporter –18 °C avec un bon paillage, mais les parties aériennes gèlent à –8. Installez-la plein sud, à l'abri des courants d'air. Elle pousse en tout sol drainé.

Partie comestible

Les fruits, les graines à consommer dès que le fruit est mûr.

Récolte

D'août à octobre.

À table

Si les fruits de la passiflore bleue peuvent se manger, ils n'ont pas grand intérêt et ne sont guère charnus. Éventuellement, on peut les couper en petits morceaux pour colorer les salades de fruits. J'aime utiliser les graines, dès que le fruit est bien mûr, couleur abricot et souple au toucher. Ces graines, enrobées d'une très mince couche de chair acidulée, sont croquantes et apportent une texture et une fraîcheur intéressantes dans les salades, les desserts et même avec des viandes et des poissons. Il ne faut pas en consommer à outrance, en raison de la présence d'acide cyanhydrique. Mais qui aurait envie d'en avaler sans compter? Cet acide se trouve également dans les pépins de pommes !

D'autres espèces et variétés

Passiflora caerulea et ses hybrides sont les seuls rustiques dont 'Constance Elliott', toute blanche.

Une exquise cousine: *Passiflora edulis*
Si vous désirez manger les fameux fruits de la passion, c'est *Passiflora edulis* qu'il faut adopter. Mais attention, elle est gélive! Cultivez-la en serre ou en véranda, dans un grand pot et un support solide. C'est une liane grimpante semi-ligneuse, pourvue de vrilles. En été apparaissent, à l'aisselle des feuilles, des fleurs blanc et mauve. Les fruits ovoïdes qui suivent, de 4 à 6 cm, sont parfumés, charnus, à peau lisse et brillante. La pulpe jaune, gélatineuse, juteuse, contient de nombreuses graines noires. Elle peut atteindre 5 à 7 m de haut et de large.

D'autres, sont à réserver à la culture sur la Côte d'Azur, ou en serre: *P. violacea* 'Amethyst' fleurs pourpres. *P. antioquiensis* fleurs roses. *P. coccinea* fleurs rouges. *P. quadrangularis* aux énormes fruits comestibles. *Passiflora edulis* qui donne le fuit de la passion…

MAQUEREAU AUX GRAINES DE PASSIFLORE BLEUE

POUR 4 PERSONNES

- **2 maquereaux**
- **4 poivrons longs, verts ou orange**
- **4 fruits de passiflore bleue**
- **5 branches de fenouil**
- **Huile d'olive et vinaigre de sapin**
- **1 c. à c. de sucre en poudre**

Levez les filets de maquereau ou demandez ce service à votre poissonnier.
Dans un plat, préparez les filets de maquereau façon gravlax, en sucrant légèrement la chair du poisson. Déposez les branches de fenouil sur le poisson et couvrez l'ensemble de gros sel. Filmez le plat et laissez-le pendant 2 h dans le réfrigérateur. Au bout de 2 h, passez les filets de maquereau sous l'eau. Séchez-les dans du papier absorbant et enlevez la peau à l'aide d'un couteau très fin. Coupez au centre du filet afin de retirer l'arête centrale et détaillez les demi-filets en morceaux.
Coupez les poivrons en deux, ôtez les pépins. Faites-les cuire sur une plancha, arrosés d'huile d'olive. En fin de cuisson, la texture du poivron doit être molle.
Pour concocter la vinaigrette, coupez les fruits de la passiflore en deux et retirez les graines. Mettez ces graines dans un bol, ajoutez 3 c. à s. d'huile d'olive et 1 c. à s. de vinaigre de sapin. Mélangez.
Dressage: mettez les poivrons chauds sur l'assiette, déposez les morceaux de maquereau et répartissez les graines avec la vinaigrette.

Pois de senteur vivace *Lathyrus latifolius*

Il y a longtemps que le pois de senteur vivace, un sauvageon des talus de bords de route, a été adopté dans les jardins, pour arborer ses grands papillons rose tyrien.

Son look

Avec son port rampant, ou grimpant si elle trouve un support, cette vivace herbacée mesure entre 1,5 et 3 m. Le feuillage vert mat est accompagné, dès juin, de fleurs gracieuses et comestibles – non parfumées contrairement à ses cousins annuels – groupées en grappes. La longue floraison devient encore plus ravissante, en août, quand s'y mêlent les gousses décoratives qui succèdent aux premières fleurs.

En prendre soin

Il s'accroche grâce à des vrilles, supporte toutes les situations ensoleillées, même les plus difficiles. Très rustique, il pousse vite. Aucun entretien à prévoir, si ce n'est juguler la végétation et couper les tiges de fleurs fanées très régulièrement pour prolonger la floraison. Il joue les couvre-sol, garnit un treillage ou se faufile entre les branches d'arbustes inintéressants après le mois de juin, comme les forsythias, les seringas, les lilas. Il est parfait pour animer une haie uniforme et tristounette, en la fleurissant tout l'été. En automne, il suffit de rabattre les longues tiges au ras du sol puisque la plante entre en dormance. La taille des arbustes se fait en mars, puis le pois vivace redémarre tranquillement dès avril.

Partie comestible
Les fleurs, les très jeunes gousses.

Récolte
De juin à septembre.

À table
On croque toujours ces fleurs crues. J'emploie le mot croquer à bon escient, car la fleur a une consistance charnue, avec une saveur proche de celle des petits pois.

Rose, mais pas seulement.
Vous pouvez installer la plante type ou bien les cultivars sélectionnés par les pépiniéristes. 'White Pearl' fleurit blanc tandis que 'Pink Pearl' est rose nacré. Plantez ces trois pois de senteur ensemble, pour un joli camaïeu.

ROUGETS ET POIS DE SENTEUR

POUR 4 PERSONNES
- **2 rougets de 300 à 400 g**
- **2 petites courgettes jaunes**
- **100 g de petits pois**
- **100 g de fèves**
- **16 fleurs de pois de senteur**
- **4 tiges de moutarde en fleur**
- **4 c. à s. d'huile de pépin de raisin**
- **25 g de beurre salé**

Découpez les courgettes en lamelles très fines, comme une chiffonnade, à l'aide d'une mandoline.
Écossez les fèves et les petits pois et mettez-les à blanchir dans de l'eau bouillante pendant quelques minutes, puis plongez-les dans de l'eau glacée. Retirez la peau des fèves et des petits pois. Faites-les revenir dans l'huile et le beurre. Réservez.
Levez les filets de rougets, ou demandez ce service à votre poissonnier. Mettez de l'eau dans une casserole, portez à ébullition, posez dessus un panier à vapeur en bambou, chemisez-le de papier sulfurisé et posez les rougets côté chair. Faites cuire à découvert quelques minutes : le rouget doit être cuit extérieurement, mais cru intérieurement. Réservez.
Dressage : sur l'assiette, posez le filet de rouget côté chair, et badigeonnez la peau avec le beurre fondu et l'huile de la cuisson des fèves et des petits pois, à l'aide d'un pinceau. Sur la queue du rouget, posez délicatement la chiffonnade de courgette, les fèves, les petits pois et les pois de senteur. Terminez par les fleurs de moutarde. Arrosez avec le reste de beurre et d'huile.

Vigne
Vitis vinifera

Cultivée depuis des millénaires, la vigne fait partie de notre histoire. Nos ancêtres de la préhistoire l'utilisaient, et les Égyptiens, il y a 6 000 ans, produisaient déjà du vin.

Son look

Cette liane, non taillée, peut atteindre 8 à 10 m, voire plus. Elle se palisse très bien, grâce à ses vrilles. Les larges feuilles prennent de belles couleurs automnales, au moment où mûrissent les grappes de raisin, dorées ou presque noires.

En prendre soin

Plantez la vigne en sol très fertile et bien drainé, le long d'un mur bien ensoleillé, à l'abri des courants d'air, car si la vigne est bien rustique, les fleurs peuvent être endommagées par les gels tardifs et les fruits ont du mal à arriver à maturité s'ils manquent de soleil. Prévoyez tout de suite des fils. Palissez-la au fur et à mesure de sa croissance, en menant la tige principale à la verticale, et les tiges latérales à l'horizontale. Au bout de trois ans de plantation, commencez les tailles régulières. En fin d'automne, aussitôt que votre vigne a perdu toutes ses feuilles, coupez chaque sarment après les deux premiers bourgeons.
Quand la vigne fructifie régulièrement, pratiquez la taille en vert dès juillet, en supprimant les gourmands qui apparaissent le long du tronc et sur les branches charpentières et coupez régulièrement les feuilles qui ombrent les grappes, afin qu'elles aient suffisamment de soleil. Le gros ennemi de la vigne, c'est le

mildiou : évitez les arrosages excessifs et surtout n'arrosez jamais le feuillage. Le mildiou adore les conditions chaudes et humides et les feuillages denses qui empêchent l'air et la lumière de passer !

Partie comestible

Fruits et feuilles.

Récolte

De mai à septembre pour les feuilles. Août, septembre, octobre pour les fruits.

À table

En cuisine, le raisin s'utilise dans les salades, sucrées ou salées. Il magnifie le foie gras, les viandes. En accompagnement du fromage, c'est excellent, rafraîchissant… et si joli sur le plateau ! Quant aux feuilles, elles se farcissent avec du riz, de la viande… et tout ce qui vous passe par la tête ! Pour les utiliser, il faut les blanchir dans un faitout empli d'eau chaude pendant 3 min ; puis les sortir et les laisser refroidir, bien étalées, avant de les garnir puis de les rouler.

Nos variétés préférées

'Alphonse Lavallée'. Cépage très vigoureux. Floraison mi-mars : attention aux gelées tardives. Fructification début octobre, en grandes grappes de raisin noir, sucré et astringent.

'Fanny.' C'est fin septembre que les belles grappes présentent de gros grains mûrs. Leur saveur n'est pas très marquée : utilisez-les surtout en cuisine. Très bonne résistance aux maladies.

'Garant' est très hâtif : les grains ronds, jaune-vert, portés par des grappes lâches, sont mûrs mi-septembre ! Ils ont un délicieux goût de muscat. Bonne résistance aux maladies.

'Italia'. On ne présente plus ce raisin qui atteint sa maturité mi-septembre, avec ses grosses grappes garnies de baies croquantes de grande taille, très juteuses. Bonne résistance aux maladies.

'Maréchal Foch' est un raisin noir à peau fine, à goût de myrtille, très juteux, utilisé souvent pour les jus. Il est mûr fin août. Très bonne résistance aux maladies.

'Muscat bleu' a la réputation d'être la vigne préférée des jardiniers ! Elle offre, fin septembre, de belles grappes de baies bleues.

AIGUILLETTES DE CANARD AU RAISIN

POUR 4 PERSONNES

- **500 g d'aiguillettes de canard**
- **8 tiges et feuilles de poirées multicolores**
- **1 c. à c. d'épices « mélange des Aborigènes »**
- **3 anchois marinés à l'huile d'olive**
- **12 grains de raisin**
- **40 g beurre**
- **2 c. à s. d'huile de colza**

Détaillez les feuilles de poirée et réservez les tiges.

Faites cuire les feuilles dans une casserole d'eau bouillante avec le « mélange des Aborigènes ». Quand elles sont cuites, retirez-les et mixez-les avec 5 cl d'eau de cuisson. Ajoutez les anchois, mixez à nouveau. Passez au chinois. Épluchez les tiges de poirée, puis découpez-les en petits morceaux. Faites-les revenir dans 20 g de beurre et l'huile de colza. Faites cuire rapidement les aiguillettes dans une poêle, avec le reste de beurre et les raisins, en leur conservant une teinte rosée.

Dressage : dans l'assiette, posez les aiguillettes surmontées des raisins. Disposez à côté les tiges de poirée et arrosez avec le jus vert des feuilles de poirée.

Le Potager, beau, bon... et perpétuel !

Faire pousser des légumes vivaces, c'est planter une fois pour toutes, presque pour la vie, récolter tout au long de l'année et supprimer le bêchage, les semis ou les plantations réguliers !

Faciles à cultiver, ils sont la panacée des jardiniers pressés ou de week-end disposant de peu de temps pour entretenir un potager classique, ce qui n'empêche pas que ces végétaux peuvent venir en complément d'un potager traditionnel, s'y mêler ou simplement voisiner.

Ces légumes peu exigeants grossissent de plus en plus au fil des ans. Ils s'associent parfaitement aux plantes aromatiques pérennes et aux petits fruits. Certains ont besoin d'une place importante, comme l'artichaut, d'autres, tel le poireau perpétuel, se casent partout.

Et les légumes annuels et bisannuels ? Cela semble bizarre de parler de plantes annuelles dans un potager perpétuel, mais certaines se ressèment d'elles-mêmes, colonisant des endroits qu'on leur abandonne.

Installez le potager en plein soleil, de préférence dans un coin discret, sauf si vous décidez qu'il sera le point central du jardin, car très décoratif. Mais surtout, mêlez ces légumes à vos plantations ornementales !

Artichaut
Cynara scolymus

Spectaculaire et élégant, un pied d'artichaut reste en place de nombreuses années, offrant fidèlement ses boutons floraux à déguster.

Son look

Avec son feuillage semi-persistant, l'artichaut forme une touffe imposante de 1 m en tous sens. Au milieu des grandes et belles feuilles découpées sortent des tiges rigides surmontées de gros boutons (que l'on déguste) donnant des fleurs violettes. Imposant et magnifique, l'artichaut fait merveille au potager comme au jardin d'ornement, où il structure les massifs de vivaces.

En prendre soin

Installez-le en sol bien préparé, riche en humus, non calcaire, frais, profond, bien drainé, à l'abri des courants d'air et au soleil. En octobre, après la récolte, coupez les tiges ayant fleuri. En climat froid, paillez le pied sur une bonne épaisseur en novembre. Au printemps, ôtez paillis et feuilles de l'année précédente, apportez du compost. L'artichaut résiste bien aux embruns et n'aime pas le grand froid, voilà pourquoi il se plaît particulièrement sur les littoraux atlantique et de la Manche.

Partie comestible

La base des bractées puis le réceptacle, soit le fond de l'artichaut ! Ça, c'est de la botanique ! Plus couramment, on dit les feuilles et le cœur !

Récolte
Juin à septembre.

À table
La récolte se fait de juin à septembre, dès la deuxième année. Coupez les artichauts lorsqu'ils atteignent la taille voulue, avant que les fleurs ne s'ouvrent, avec 15 cm de tige. « Oubliez » deux ou trois capitules sur chaque pied, afin qu'ils s'épanouissent et décorent le jardin en été.
Traditionnellement, on sert l'artichaut – après la cuisson à l'eau bouillante pendant 30 à 40 min ou à la vapeur – avec une vinaigrette. On mange feuille à feuille, avant de se débarrasser du foin qui tapisse le cœur. Cœur dont on se délecte tel quel. Mais il se prête aussi à de nombreuses recettes : sauté, en tartinade, en carpaccio…

ARTICHAUT, BOUDIN ET HUÎTRES

POUR 4 PERSONNES
- **300 g de boudin**
- **4 huîtres n° 3**
- **1 artichaut**
- **1 petite échalote**
- **1 c. à c. de vinaigre balsamique**
- **1 c. à c. d'huile d'olive**
- **Huile de pépin de raisin**
- **1 fleur d'artichaut ou de chardon**

Faites cuire l'artichaut à la vapeur ou dans l'eau bouillante.
Épluchez-le et conservez le cœur et 8 feuilles.
Ouvrez les huîtres, enlevez la première eau et laissez-les dans leur coquille afin qu'elles forment une seconde eau.
Coupez 8 rondelles de boudin et faites cuire le reste dans une poêle avec de l'huile de pépin de raisin.
Dès que le boudin est cuit, coupez-le en deux et récupérez la chair.
Préparez le condiment : mettez dans un bol de mixer la chair du boudin, les huîtres avec leur eau, la moitié du cœur d'artichaut et l'échalote ciselée. Mixez le tout et assaisonnez avec le vinaigre balsamique et l'huile d'olive.
Faites cuire les 8 rondelles de boudin dans une poêle.
Dressage : posez sur chaque assiette 1 coquille d'huître et 2 feuilles d'artichaut.
Dans la coquille, mettez 2 rondelles de boudin, ajoutez du condiment par-dessus et quelques pétales de fleur d'artichaut ou de chardon.
Dans les feuilles d'artichaut, mettez une couche de condiment et l'autre moitié du cœur coupée en cubes, ainsi que quelques pétales de fleur d'artichaut ou de chardon.
Un petit aparté : lorsque Stéphane, qui était aux fourneaux, a prélevé le cœur et quelques feuilles de l'artichaut pour sa recette, je n'ai pas hésité. J'ai grignoté les feuilles restantes sur place ! Si j'avais été raisonnable, j'aurais récupéré la chair à l'aide d'un couteau, je l'aurais écrasée et mélangée à de l'huile d'olive assaisonnée de sel et de poivre, et enrichie de poudre d'amande. Et cela aurait donné une exquise tartinade pour l'apéro !

Chou de Daubenton
Brassica oleracea var. *ramosa* 'D'Aubenton'

Persistant, le chou de Daubenton, ce chou vivace aux mille têtes, se montre si décoratif toute l'année que, bien souvent, on n'ose pas cueillir ses tiges.

Son look
Il est une parure incomparable au potager, avec son feuillage qui oscille entre le vert franc, le vert bleuté, le crème et le rose lorsque vient l'hiver. Majestueux, il peut atteindre 1 m en tous sens. Buissonnant, il fournit des jets tendres que l'on récolte au fur et à mesure des besoins, même en hiver.

En prendre soin
S'il est parfois cultivé en annuel ou en bisannuel, il peut vivre quatre ans, voire plus, à condition que ses jets soient récoltés régulièrement. Ce chou a besoin d'un très bel espace pour bien se développer. Offrez-lui du soleil, un sol frais, profond, riche en humus. Chaque année, au printemps, apportez une bonne couche de compost et paillez. Si vous avez laissé pousser un peu trop les tiges et qu'elles se dénudent, rabattez-les, en laissant toujours deux ou trois départs verts. Profitez de ces tailles pour le multiplier, car c'est un chou qui se reproduit par boutures de rameaux. Prélevez les extrémités de tiges, plantez-les directement en place – ou en pot – et arrosez régulièrement jusqu'à la reprise.

Partie comestible
Les feuilles, les jets, c'est-à-dire les tiges feuillues.

Récolte
Toute l'année, au fil des besoins.

À table
Cueillez les jets régulièrement, cette récolte stimule la repousse de nouvelles tiges. Vous pouvez aussi prélever quelques feuilles par-ci par-là. Consommez-le cru ou sauté, comme n'importe quel chou. Les jeunes et tendres rameaux, liés ou non, se préparent en accompagnement d'une potée d'autres légumes et font d'excellentes soupes. On retrouve un peu la saveur du brocoli. Il existe une forme panachée, légèrement moins vigoureuse.

Maceron
Smyrnium olusatrum

Quel aventurier ! Des friches d'Europe méridionale où il est né, le maceron est arrivé dans les potagers du Moyen Âge comme légume, puis il fut oublié pendant de très nombreuses décennies. Et voilà, il revient sur le devant de la scène dans nos jardins actuels.

Son look

Bisannuel, le maceron est une superbe plante herbacée pouvant dépasser 1 m en tous sens. Les tiges sont creuses, vigoureuses, habillées de grandes feuilles aromatiques, longuement pétiolées, divisées en larges folioles crénelées. Le maceron fleurit la deuxième année, en ombelles couleur chartreuse. Apparaissent ensuite les graines vertes, devenant noires.
Que j'aime cette plante qui se naturalise, habillant en hiver mon jardin de son feuillage sombre, découpé et brillant. Elle sort sans scrupules du potager en hauteur, qui lui est attribué. Elle commence à apparaître en septembre, puis s'endort en mai. C'est le moment où l'on peut sortir les racines charnues, en forme de fuseaux.

En prendre soin

Si le maceron préfère un sol frais et riche en matière organique, il se plaît aussi en sol sableux. Ce qui est important, c'est qu'il puisse enfoncer ses longues racines sans rencontrer d'obstacles. Il aime le soleil.

Partie comestible

Les racines, les feuilles, les fleurs, les graines.

Récolte

Les feuilles d'octobre à avril. Les fleurs en mars-avril, les graines en mai-juin. Les racines se récoltent la deuxième année, de septembre à mars.

À table

La saveur est assez proche de celle du céleri, avec une senteur de myrrhe. Cueillez les feuilles au fil des besoins et dégustez-les crues ou cuites. Jeunes, elles rehaussent les salades et accompagnent les poissons. Plus âgées, elles relèvent soupes, pot-au-feu et gâteaux d'herbes. C'est la partie de la plante la plus consommée, couramment en Espagne, en Sardaigne, en Turquie, où on utilise ce feuillage comme le persil.
J'aime manger les jeunes pousses cuites comme des asperges. Les fleurs agrémentent mes salades, les ombelles sont délicieuses en beignets. Les jeunes fruits et les boutons floraux se confisent dans le vinaigre. Les racines se mangent crues ou cuites, comme des carottes. Les fruits mûrs, moulus, se conservent très bien et servent d'épices. C'est mon légume à tout faire, en hiver !

Oseille
Rumex spp.

Légume ou plante aromatique ? L'oseille forme des touffes aux larges feuilles à la saveur acide qui relève bien les plats.

Son look

Elle pousse en touffe bien ronde, large, avec de grandes feuilles charnues et brillantes, caduques. Ses petites fleurs sont regroupées en longues grappes vert et rouge. Suivant les espèces, elle mesure de 30 cm à presque 1 m. Elle forme de belles bordures aussi bien au potager qu'au jardin d'ornement.

En prendre soin

L'oseille, bien rustique, croît au soleil doux ou à mi-ombre, en sol frais, léger, fertile, riche en humus, non calcaire. En cas d'été sec, arrosez chaque semaine à l'eau de pluie. Supprimez les tiges portant des fleurs pour favoriser le développement des feuilles.

Partie comestible

Les feuilles.

Récolte

D'avril à octobre, selon les besoins.

À table

Acidulée, voire acide, l'oseille est un légume à part entière quand elle est servie, par exemple, avec un poisson, comme le saumon. Je l'aime beaucoup en accompagnement d'un maquereau juste cuit au four, avec une noix de beurre salé. Elle contrebalance parfaitement le gras du poisson. Elle parfume délicieusement bien les

légumes (l'association épinard-oseille est parfaite), les potages, les omelettes. J'aime en mettre quelques feuilles, ciselées finement, dans une salade.
Il ne faut pas en abuser car, comme la rhubarbe, elle contient de l'acide oxalique, mauvais pour les reins, en excès – mais vous n'avez pas envie d'en manger plusieurs kilos par jour, n'est-ce pas ?

Mes oseilles préférées

L'oseille de Belleville pousse en superbes touffes aux feuilles amples, vert clair. L'oseille vierge, ne montant pas à graines, peut se récolter du printemps à l'automne, mais elle est moins acidulée. L'oseille pourpre reste décorative avec son large feuillage coloré.

Pour de belles bordures grassouillettes, optez pour l'oseille vierge.

MON OSEILLE D'ÉTHIOPIE

Patrick Blanc, le botaniste aux cheveux verts, l'inventeur des murs végétaux, m'a donné une bouture de *Rumex nervosus*. Une merveille qui pousse en Éthiopie et qui mesure 1,8 m en tous sens. Elle se comporte bien pour l'instant. Son feuillage est mat, tendre, acidulé juste comme j'aime. Si elle arrive à fleurir, ce serait miraculeux. Corail. Spectaculaire. Pour l'instant, je me contente d'en prélever quelques feuilles par-ci, par-là…

Page de gauche : *Rumex nervosus*, l'oseille d'Éthiopie.

Poireau perpétuel
Allium ampeloprasum

Voici l'ancêtre des poireaux de nos potagers, né dans le sud. On le rencontre, sauvage, dans les vignes, sur les bords des chemins et même dans les décombres.

Son look
Il peut atteindre 60 cm de haut, en sol travaillé et enrichi de compost. Il entre en dormance en juin, pour mieux réapparaître à l'automne et donner à plein en hiver.

En prendre soin
C'est chez les pépiniéristes spécialisés en légumes et en aromatiques peu courants ou oubliés que vous trouverez ces petits poireaux vendus en godet. Plantez-les en mars-avril ou de septembre à novembre, au soleil, en terre fraîche et bien drainée. Même si le poireau perpétuel a une préférence pour les terres calcaires, il s'accommode facilement de toute terre ordinaire. On ne le prélève pas entièrement, comme un poireau cultivé : c'est en laissant les bulbes en terre qu'on lui permet de se multiplier, formant des bulbilles et donnant au fil des ans de belles touffes. Ce poireau peut subir plusieurs coupes dans l'année, car il repousse… Il monte rarement à graines et s'avère résistant au froid. On peut le cueillir tout l'hiver.

Partie comestible
Les fûts, les feuilles.

Récolte
Récoltez les fûts, les feuilles, en les coupant à 2 cm du sol, au fur et à mesure des besoins, d'octobre à mai.

À table
Utilisez ces poireaux comme vous le feriez avec des poireaux communs. En soupe, en quiche, dans des pâtes… Les feuilles ayant une saveur plus fine, elles peuvent être utilisées comme de la ciboule ou de la ciboulette, ciselées dans les salades, les omelettes… Lorsque j'ai envie d'un risotto et que je n'ai pas de champignons sous la main, ces poireaux coupés en tronçons de 2 cm les remplacent agréablement. C'est vraiment mon légume de dépannage, en hiver.

Roquette vivace
Diplotaxis tenuifolia

Présente, sauvageonne, sur nos côtes, cette plante s'est adaptée sans souci dans nos jardins.

Son look

Les touffes robustes de 30 à 60 cm en tous sens, avec une base sous-ligneuse, sont garnies de longues feuilles découpées et disposées en éventail. Les fleurs jaune soufre à quatre pétales, parfumées, s'épanouissent dès juillet et jusqu'en octobre.

En prendre soin

Installez cette plante au soleil, en sol drainé, même sableux. Comme elle pousse habituellement en front de mer, elle résiste bien au vent et supporte des températures jusqu'à –12, voire –15 °C. Si la plante prend une allure dégingandée, n'hésitez pas à la rabattre, afin qu'elle reste trapue. Elle se ressème facilement, aussi, ne supprimez pas toutes les fleurs en fin de saison, afin qu'elle monte à graines. Traditionnellement, c'est au jardin d'herbes et au potager que l'on installe cette roquette, mais comme plante ornementale elle est parfaite pour pousser en jardin de gravier, où elle peut se ressemer à loisir.

Partie comestible

Les feuilles, les fleurs.

Récolte

D'avril à octobre, et toute l'année en cas d'hiver très doux, prélevez les feuilles au fil des besoins.

À table

Frottez une feuille entre vos doigts : le parfum dégagé est piquant, aromatique. Croquez : saveur et senteur vont vous guider pour l'emploi. Les fleurs savoureuses décorent tous les plats. En pesto, les feuilles maniées avec de l'huile d'olive donnent un condiment délicieux.
J'en ramasse pratiquement chaque jour pour donner du caractère à une salade, accompagner une viande froide, garnir un sandwich si je pars en balade et en glane…

NE NÉGLIGEZ PAS LA ROQUETTE ANNUELLE

La roquette que l'on trouve couramment dans le commerce est de la roquette annuelle. *Eruca sativa*, dite roquette cultivée, à la saveur plus douce. Les fleurs sont ivoire. Semez-la de mars à septembre, en sol fertile, frais et ameubli, au soleil ou à mi-ombre en été. Abandonnez-lui un espace, elle s'y ressèmera à vie.

Poirée multicolore
Beta vulgaris var. *cicla*

La poirée est une cousine de la betterave. On l'appelle aussi blette, bette, carde ou encore bette à cardes.

Son look

Elles sont à la mode, les poirées à cardes de toutes les couleurs. Parmi les nombreux cultivars multicolores de ce légume, on retrouve parfois le coloris pourpre de la « cousine », la betterave, mais aussi des tons orange, or, framboise, vert céladon… Cela donne envie de la sortir du potager pour valoriser les massifs d'ornement. Lorsque les feuilles, aux teintes incroyables, laissent passer le soleil, c'est une merveille ! Elle ne dépare pas au jardin bouquetier, participant avec élégance aux compositions florales.

En prendre soin

La poirée apprécie les sols profondément ameublis, plutôt argileux, toujours frais. Si vous n'avez besoin que de quelques plants, allez rendre visite à un pépiniériste spécialisé, qui vous les proposera en godet, déjà bien démarrés. Sinon, semez en avril, dans une terre bien ameublie, en sillon de 3 cm de profondeur.
C'est une bisannuelle. Le somptueux feuillage apparaît dès la première année, et la hampe florale la deuxième. Pour conserver un beau feuillage, supprimez les tiges florales en en oubliant une ou deux, pour les semis spontanés. Dix ans plus tard, les nouveaux semis peuvent être issus de ce premier plant. C'est ce qui se passe dans mes petits potagers en hauteur.

LES COQUES ET LEURS POIRÉES

POUR 4 PERSONNES
- 400 g de coques
- 8 tiges de poirée multicolore
- 1 concombre 'Lemon'
- 1 petite échalote
- Huile d'olive

Coupez les tiges de poirée en petits morceaux.
Émincez l'échalote.
Dans une poêle, faites cuire dans l'huile d'olive les tiges de poirée jusqu'à ce qu'elles s'attendrissent.
Ajoutez les coques et l'échalote, faites-les cuire à couvert jusqu'à ce qu'elles s'ouvrent et qu'elles rejettent leur jus. Décoquillez les coques, mélangez-les aux poirées.
Coupez le concombre en deux et retirez la chair blanche, détaillez-la en julienne.
Dressage : dans une petite assiette, mettez le mélange coques-poirées et déposez dessus quelques morceaux de concombre.

Partie comestible
Les cardes, les feuilles.

Récolte
Presque toute l'année.

À table
Ses feuilles s'accommodent comme celles des épinards ou autres légumes feuilles, braisées, en soupe, en quiche… Les cardes sont délicieuses sautées ou gratinées, avec une sauce béchamel au curry.

CELLES QUE J'AI INSTALLÉES DANS MON JARDIN

Parmi les cultivars, j'aime bien 'Rhubarb Chard' aux pétioles rouges, et 'Bright Yellow' aux pétioles jaunes… Une blanche ? 'Verte à Cardes Blanches' est une valeur sûre.

RASCASSE ET POIRÉE MULTICOLORE

POUR 4 PERSONNES

- **Rascasse de 1 kg**
- **Côtes de poirée multicolore**
- **2 petites courgettes jaunes**
- **2 tomates**
- **1 échalote**
- **1 citron jaune bio**
- **1 citron vert bio**
- **8 radis**
- **Fleurs de fenouil**
- **Fleur de feu (épices Roellinger)**
- **25 g de beurre salé**
- **2 c. à s. d'huile d'olive**
- **Sel, poivre**

Levez les filets de rascasse ou demandez ce service à votre poissonnier. Enlevez la peau et coupez la chair en petits cubes.
Faites un jus avec l'huile d'olive, le jus du citron jaune, du sel et du poivre.
Éparpillez, sur une plaque ou un plat, les cubes de rascasse, arrosez-les avec le jus. Filmez et gardez au réfrigérateur pendant 1 h.
Émondez les tomates et coupez-les en petits dés.
Détaillez une courgette en chiffonnade à l'aide d'une mandoline et la deuxième en rondelles.
Découpez les radis à la mandoline.
Coupez les côtes de poirée en petits morceaux de 2 cm et faites-les rissoler dans une poêle, avec le beurre et l'échalote émincée.
Dressage : posez les cubes de rascasse dans l'assiette, arrosez avec la moitié du jus et râpez le citron vert. Disposez par-dessus les radis puis les rondelles de courgette. Montez en monticule les tomates et par-dessus la chiffonnade de courgette. Assaisonnez de fleur de feu et versez le reste du jus. Disposez les côtes de poirée tout autour. Parsemez de fleurs de fenouil.

EXOTISME ASSURÉ

POUR 4 PERSONNES

- **Cuisson au four à micro-ondes entre 10 et 15 min**
- **500 g de tiges de rhubarbe**
- **2 grosses pommes**
- **20 cl de lait de coco**
- **Sucre roux**
- **1 sachet de sucre vanillé**
- **Noix de coco râpée**

Épluchez la rhubarbe, coupez-la en tronçons de 4 à 5 cm. Épluchez les pommes, coupez-les en tranches de 3 à 4 mm. Lavez ces fruits, puis mettez-les dans un plat spécial micro-ondes. Ajoutez 1 c. à s. d'eau, le lait de coco, le sucre vanillé et du sucre roux. Pour la quantité de ce dernier, cela dépend de vos goûts et de la variété de pomme. Remuez soigneusement, couvrez le plat. Mettez-le au four à puissance maximale pendant 5 min. Remuez, remettez à cuire entre 5 et 10 min, suivant la puissance du four et la tendresse des fruits. Mettez à refroidir, puis entreposez cette compote au réfrigérateur jusqu'au moment de la servir. La cuisson dans le lait de coco a ôté une partie de l'acidité de la rhubarbe. Pour les amateurs, ajoutez un soupçon de noix de coco râpée au dernier moment.

Rhubarbe

Capable de vivre au même endroit pendant plus de dix ans, voici une bonne plante très rustique, à installer aussi bien au potager qu'au jardin d'ornement.

Son look

Vivace, elle a beaucoup d'allure avec ses touffes de pratiquement 1 m d'envergure, habillées de feuilles géantes, découpées. La floraison vaporeuse, ivoire, est somptueuse, mais elle a lieu au détriment du feuillage. Il vaut donc mieux les supprimer, pour une belle récolte.

En prendre soin

Au soleil ou légèrement à l'ombre, plantez la rhubarbe dans un sol enrichi de compost, car ce légume très gourmand va vivre à la même place durant plusieurs années. Une belle, délicieuse, spectaculaire et décorative vivace, surtout qu'il existe de très nombreuses variétés aux tiges de toutes les couleurs.

Partie comestible

Les tiges, et surtout jamais les feuilles, toxiques.

Récolte

Mai et septembre.

À table

Cette plante est cultivée principalement pour ses tiges que l'on transforme en confiture, en tarte ou en compote. Ou en exquis légume : leur acidité accompagne parfaitement bien les viandes blanches et les poissons gras.

Des asperges, plantées en rangs, assurent tout l'été une belle haie vaporeuse.

UN COMPLÉMENT, LOIN D'ÊTRE EXHAUSTIF, DE JOLIS LÉGUMES VIVACES

Ail rocambole. Haut de 30 à 70 cm, cet ail vivace produit non seulement des caïeux comme l'ail commun, mais porte, en plus, sur une tige centrale spiralée, une ombelle composée de bulbilles.

Asperge. Cette grande vivace au fin feuillage plumeux peut vivre plus de 10 ans au jardin. Elle se caractérise par des racines dures, en forme de griffes. Récolte avril-mai.

Céleri perpétuel. Appelé aussi livèche ou ache des montagnes, c'est plutôt une plante aromatique qu'un vrai légume, au goût caractéristique de céleri. Il peut atteindre 2 m de haut.

Chénopode bon-Henri. Plante sauvage de nos campagnes, le chénopode bon-Henri se développe en touffes de 50 à 80 cm de haut et donne, dès avril, de nombreuses feuilles triangulaires, vert foncé. On récolte ces feuilles tendres de mars à octobre.

Gingembre mioga. Si cultiver le gingembre officinal sous nos climats ne peut se faire qu'en pot à hiverner, une autre espèce de gingembre est à planter dans nos jardins : c'est *Zingiber mioga*. On déguste ses jeunes pousses et ses boutons floraux, de mai à septembre.

Cardon. Ce cousin de l'artichaut en a le panache et l'envergure. C'est à partir de fin septembre que l'on récolte les feuilles du pourtour après les avoir fait blanchir.

Topinambour et hélianthi. Avec une saveur proche de l'artichaut, les tubercules se récoltent de novembre à mars. Il suffit d'en laisser quelques-uns en terre pour retrouver l'année suivante une belle production. Quant à la floraison, en grands soleils, elle donne un côté prairie sauvage à un coin oublié du jardin.

Et des fruits !

Fraisiers. En bordure, en jarre, en potée… Ces petites vivaces aiment un soleil doux, un sol frais et humifère. Il en existe d'innombrables variétés. L'idéal ? Adoptez des remontantes et des non-remontantes, pour des récoltes échelonnées. Les variétés non remontantes produisent à profusion en mai-juin (comme 'Garrigette', la star), tandis que les remontantes assurent une récolte tout l'été, parfois jusqu'aux gelées ('Annabelle' se récolte de juin aux gelées et résiste bien aux maladies).

LES AROMATIQUES, POUR TRANSCENDER LE QUOTIDIEN

On les aime ! On les aime, ces plantes qui subliment nos plats les plus simples. Pas de « vraie » cuisine sans elles, sans leurs saveurs, leurs parfums, leurs couleurs... Elles apportent surprises et fantaisie aussi bien aux repas habituels qu'aux plats recherchés. Sans oublier les tisanes et autres boissons « nature » ! Mais elles ne font pas que combler notre gourmandise, elles ont bien d'autres attraits et secrets. J'ai, bien sûr, un coin spécifique, le fameux jardin d'herbes, mais surtout je les dissémine dans mes massifs de vivaces, et j'en fais des potées, que j'installe un peu partout. Et beaucoup animent mon mur végétal, où ne poussent que... des aromatiques ! Un mur végétal de 12 m² où toutes ces belles et bonnes sont à ma portée.

Les aromatiques sont souvent aussi jolies qu'exquises. Beaucoup d'entre elles ont leur place au milieu des vivaces, dans les bordures et en potée. Introduisez l'hysope et la lavande dans vos plates-bandes. Les thyms, rampants ou non, se plaisent dans un jardin de gravier, entre des dalles, en rocaille, sur les murets. La ciboulette et le persil, simple ou frisé, forment de jolies bordures. La sauge officinale

Elles sont aussi belles que bonnes, ces aromatiques dont on ne peut se passer !

et ses nombreuses variétés à feuillages colorés, atteignent 1 m de diamètre : à placer au soleil, au pied d'un arbuste.
Immuables, ces aromatiques que l'on connaît et utilise depuis toujours ? Pas vraiment, car certaines se déclinent en de nombreuses variétés. Et des plantes venues d'ailleurs enrichissent le choix à notre disposition.

Des goûts si différents…

Les aromatiques apportent à la cuisine mille saveurs : délicate ou appuyée, épicée, acidulée ou sucrée. On ne peut s'en passer. Alliacée, poivrée, musquée, anisée, citronnée, mentholée… Avec leurs notes si diverses, elles illuminent une salade, transforment entrées et plats, accompagnent les fromages et personnalisent les desserts. Sans oublier les boissons, alcoolisées ou non, à qui elles donnent beaucoup de fantaisie. Certaines, comme le cerfeuil, se consomment crues, afin de conserver leur délicatesse. D'autres mitonnent pendant des heures, libérant toutes leurs saveurs et tous leurs parfums. Variez les plantations, au jardin comme sur le balcon.

TARTINE TERRE ET MER À L'ARMOISE

POUR 4 PERSONNES

- 8 belles sardines
- Une grosse poignée d'armoise
- Huile d'olive
- Gros sel
- 4 tranches de pain de campagne
- Beurre salé
- Planches de cèdre

Le principe de cette recette est de cuire les sardines sur les planches de cèdre. Si vous avez un barbecue à charbon, faites de bonnes braises et placez les planches de cèdre sur la grille à la plus haute position. Préchauffez les planches au four pendant 5 min à 200 °C, posez-les sur la grille et badigeonnez-les d'huile d'olive. Posez un lit d'armoise, puis les sardines. Salez, arrosez avec un filet d'huile d'olive. Laissez cuire pendant quelques minutes.

Dressage : coupez des filets dans les sardines, posez-les sur les tranches de pain de campagne préalablement tartinées de beurre salé.

Armoise
Artemisia spp.

Pour notre recette, toutes les armoises conviennent, sauvageonnes ou cultivées, puisqu'elles ne sont là que pour parfumer.

Son look

L'armoise, au feuillage argenté au revers, très découpé, possède de multiples qualités pour le jardinier et le cuisinier qui travaillent en symbiose avec la nature. Les minuscules fleurs en capitules jaune-vert fleurissent en été. En plus d'être une pièce maîtresse au jardin d'herbes, l'absinthe se marie bien aux autres vivaces et ponctue le potager de sa haute stature. Très élégante, elle mesure de 80 cm à 1,3 m.

En prendre soin

Elle est très rustique. Plantez-la au soleil, en sol ordinaire, même pauvre et calcaire, même très sec, où elle développe des propriétés plus concentrées. Elle n'aime pas l'humidité stagnante. Chaque fin d'hiver, rabattez les tiges sèches pour permettre aux nouvelles pousses de se développer et à la touffe de conserver une belle silhouette.

Partie comestible

Le feuillage.

Récolte

De mai à octobre.

À table

Cette plante à la senteur pénétrante a un goût

amer. Elle entre dans la composition de diverses liqueurs, parfume le thé, mélangé à de la menthe ou non. C'est au Maroc que j'ai pris l'habitude d'en mettre dans le thé.

Artemisia et compagnie

Il existe de nombreuses espèces et variétés d'*Artemisia*, superbes pour le jardin, et toutes aromatiques, parfaites pour rehausser les plats.
Artemisia vulgaris au feuillage vert, et 'Oriental Limelight' au feuillage panaché jaune et vert-de-gris.
Artemisia x 'Powis Castle' au feuillage très fin, argenté.
Artemisia schmidtiana 'Nana', un joli couvre-sol gris presque blanc.
Artemisia abrotanum au feuillage très fin et très odorant, avec une odeur citronnée. Cette plante servait autrefois à fabriquer les bougies anti-moustiques.
Et n'oublions pas *Artemisia dracunculus* var. *sativa*, l'estragon, l'une des meilleures plantes aromatiques. C'est un sous-arbrisseau vivace, mais à durée de vie éphémère.

SA PETITE HISTOIRE...

**En infusion, elle doit être utilisée sans outrance, à cause de la thuyone qu'elle renferme, nocive à hautes doses pour le système nerveux.
Mais qui aurait l'idée de boire 10 litres de tisane par jour ?
L'absinthe fut longtemps bannie des jardins, carrément interdite de culture, car sa fameuse liqueur, « la fée verte » chère à Verlaine, fit énormément de ravages il y a un peu plus d'un siècle ! Cette boisson fut frelatée, pour la vendre à prix modiques, afin que tous puissent céder à cette mode... Les composants contenus dans l'absinthe, additionnés à divers éléments nocifs et consommés avec excès, entraînèrent des syndromes différents de l'alcoolisme, rendant les consommateurs « fous » ! Ligues de vertus, ligues antialcooliques, mais aussi producteurs de vin qui voyaient leurs ventes tomber en flèche lancèrent une pétition et, en 1915, Poincaré promulgua la loi interdisant la fabrication et la vente de l'absinthe. Bien sûr, cela fit naître des alambics clandestins un peu partout. Alambics que les forces de l'ordre traquaient. Mais ils surveillaient aussi le moindre lopin de terre, et la culture de l'absinthe, même en minuscule quantité, fut interdite.
Depuis, heureusement, l'absinthe a repris sa place au jardin.**

Calament
Calamintha nepeta

Cette petite vivace, proche des menthes dont elle a la senteur, en plus musquée, a sa place aussi bien en bordure, en rocaille, en jardin de gravier qu'au jardin d'herbes.

Son look

Que je l'aime, cette petite plante qui paraît discrète à la plantation puis s'impose en une touffe ronde, régulière, de 40 à 50 cm en tous sens, fleurie de mai à novembre. Ses fleurs miniatures, fort nombreuses, forment un adorable brouillard blanc à reflets mauve bleuté. Les petites feuilles caduques, ovales, parfois dentées, sont vert sombre. Je l'aime parce qu'elle a une allure de sauvageonne, tout en étant sage. Et parce qu'elle attire les pollinisateurs. Et je l'aime pour son parfum, une senteur de menthe mêlée de citron et de musc.

En prendre soin

Bien que née sur le pourtour méditerranéen, elle est résistante au froid si le sol est sec, sableux ou calcaire. Elle accepte un sol riche et frais s'il est bien drainé. Soleil et ombre douce lui conviennent.

Partie comestible

Les feuilles, les fleurs.

Récolte

D'avril à novembre.

À table

Les feuilles agrémentent les salades. Les fleurs

miniatures, parsemées, décorent de nombreux plats. Ses saveurs ressortent en infusion, dans de l'eau chaude pour assurer une bonne digestion, ou dans du lait pour parfumer des sauces ou des desserts lactés.

LE THÉ D'AUBRAC

Il existe d'autres calaments, comme *Calamintha grandiflora* qui a les mêmes qualités gustatives, en étant un peu moins spectaculaire dans les massifs. Cette vivace de 30 à 45 cm de haut fleurit de juin à septembre, en fleurs tubulaires, rose vif. C'est une plante idéale pour le jardin d'herbes comestibles et médicinales. Son petit nom ? Le thé d'Aubrac, car si elle pousse, sauvage, dans les montagnes du sud de l'Europe, elle est très présente dans l'Aubrac, où elle fait partie des cueillettes traditionnelles. Elle tient une place de choix dans le jardin des initiés aux plantes médicinales. Ses vertus ? Calmante, antistress, diurétique, digestive…

MOULES AU CALAMENT

POUR 4 PERSONNES

- **1 grosse betterave**
- **1 burrata**
- **2 tranches de lard fumé**
- **300 g de moules**
- **Fleurs de calament**
- **Fleurs de tomate**
- **4 tomates cerises**
- **Huile d'olive**
- **25 g de beurre**
- **Piment d'Espelette**

Faites cuire la betterave 1 h à la plancha, en l'arrosant de temps en temps avec de l'huile d'olive, puis laissez-la refroidir.
Faites cuire les moules à l'étouffée dans une cocotte couverte, avec le beurre, jusqu'à ce qu'elles soient ouvertes. Récupérez le jus, dans lequel vous ajoutez 1 c. à s. d'huile d'olive et une pincée de piment d'Espelette. Réservez.
Détaillez le lard fumé en allumettes, faites-les revenir à la poêle, avec un soupçon d'huile d'olive.
Découpez la burrata en petits dés.
Décoquillez les moules.
Lorsque la betterave est bien froide, détaillez-la en lamelles, comme un carpaccio.
Dressage : tapissez le fond de l'assiette avec les fines tranches de betterave. Posez par-dessus les dés de burrata, les moules, le lard et une tomate cerise coupée en deux.
Arrosez avec le jus de moules, puis décorez avec les fleurs de calament et 1 ou 2 fleurs de tomate.
Notre conseil : n'abusez pas des fleurs de tomate, qui, à hautes doses, peuvent être toxiques.

Fenouil officinal
Foeniculum vulgare

Il y a longtemps que cette plante sauvage aromatique est devenue un élément à part entière de nos jardins, se promenant entre massifs de vivaces, potager et jardin d'herbes.

Son look

Voici une plante qui ne passe pas inaperçue et qui fait merveille au jardin ! Les tiges du fenouil officinal peuvent atteindre 2 m de haut. Solides, elles portent des feuilles vert lumineux, très finement découpées, filiformes, allongées et longuement pétiolées. La floraison jaune chartreuse a lieu de juillet à octobre. Les graines sont oblongues, ridées, gris-brun. Toutes les parties de la plante ont une saveur et un parfum anisés.

La chenille du machaon se nourrit du fenouil.

En prendre soin

Cette plante est rustique jusqu'à –15, voire –18 °C en sol bien drainé. Soleil obligatoire ! Si elle se plaît, elle va se ressemer, jusque dans le macadam et dans le gravier.

Partie comestible

Tout se mange : les jeunes pousses, les feuilles, les fleurs, les graines, vertes ou sèches.

Récolte

D'avril à décembre.

À table

Sa saveur anisée est à nulle autre pareille. Il existe des variétés à feuillage pourpre et bronze, toutes également bonnes. Les pousses se mangent en légumes. Le feuillage se cisèle dans les salades, accompagne les poissons cuits en papillote, parfume plats mijotés et moules. Les fleurs et les graines encore vertes apportent une touche de fraîcheur aux salades de fruits. J'aime particulièrement ramasser les graines sèches en octobre : je m'en sers pendant plusieurs mois pour aromatiser mes plats cuisinés. La plante tout entière permet de concocter d'excellentes tisanes digestives.

SARDINES CHAUDES AU FENOUIL

POUR 4 PERSONNES

- **1 boîte de sardines à déguster chaudes de la conserverie La Belle-Iloise**
- **2 poires pas trop mûres**
- **1 c. à s. de vinaigre de cidre**
- **4 pommes de terre de taille moyenne**
- **Graines de fenouil fraîches**
- **Fleurs de fenouil avec leur tige**
- **Huile d'olive**
- **Beurre**

Épluchez et coupez les poires en brunoise.
Épluchez et coupez les pommes de terre de façon à obtenir dans chacune 2 grosses frites.
Faites cuire les bâtonnets de pommes de terre dans de l'huile et du beurre. Arrosez jusqu'à ce qu'ils soient dorés.
Faites revenir les graines de fenouil dans de l'huile quelques minutes, ajoutez les poires, continuez au feu doux et mélangez doucement.
À la fin de la cuisson, déglacez avec le vinaigre de cidre. Pendant ce temps, réchauffez les sardines dans une poêle avec un peu d'huile d'olive, puis coupez-les en deux et ôtez l'arête centrale.
Dressage : posez un emporte-pièce rectangulaire sur l'assiette, remplissez-le à moitié de poire et posez par-dessus un filet de sardine. Recommencez dans la même assiette. Couvrez d'une belle quantité de fleurs de fenouil avec leur tige. Terminez l'assiette avec les 2 bâtonnets de pomme de terre, posés comme des menhirs. Retirez les emporte-pièce.

Romarin
Salvia rosmarinus

Le romarin, nommé *Rosmarinus officinalis* depuis presque trois siècles (1753), vient de changer de genre. Nos botanistes l'ont classé dans les sauges. Ce qui ne change rien à son parfum et à sa saveur !

Son look

Qu'il soit à port dressé ou retombant, le romarin, au fil des ans, devient une véritable sculpture végétale. Avec son feuillage persistant, linéaire, coriace, blanc en dessous, il forme un buisson érigé de 1,2 m, ou s'étale, dans les formes prostrées. Dès février dans les régions à hiver doux, une multitude de fleurettes garnissent les branches, bleu mauve, parfois roses ou blanches, suivant les variétés. Et cette floraison se prolonge jusqu'en décembre, d'une façon sporadique. J'aime particulièrement la forme prostrée lorsqu'elle retombe d'un muret.

En prendre soin

Il se plaît bien en pot, en massif, en bordure, et, bien sûr, au jardin d'herbes. Plantez-le au soleil, en sol léger, même pauvre, drainé. La taille est impérative, afin qu'il ne se dégarnisse pas de la base. En fin de printemps, après la première floraison, taillez les branches, toujours au-dessus d'un départ de nouvelle branche.

Partie comestible

Le feuillage, les fleurs.

Récolte

Toute l'année.

À table

Avec ses senteurs venues tout droit des garrigues méditerranéennes, il donne un air de fête à la cuisine. Si j'emploie le romarin surtout pour aromatiser sauces, soupes et plats mijotés, j'aime en ciseler très finement, et avec parcimonie, quelques feuilles crues dans un plat ou une salade, au dernier moment. Le romarin fait partie systématiquement de mes infusions, aussi bien en mélange avec de la mélisse, de la sauge ou de la menthe que seul !

BURRATA AU ROMARIN

POUR 4 PERSONNES

- **2 burratas**
- **4 tomates différentes. Ici : 'Green', 'Ananas', 'Orange', 'Noire de Crimée'**
- **5 branches de romarin en fleurs**
- **20 cl d'huile d'olive**

Détachez les fleurs de romarin, réservez. Dans une casserole d'eau bouillante (40 cl), préparez une décoction en mettant les branches de romarin pendant 30 min. Lorsque la décoction est froide, retirez les branches de romarin et versez l'eau parfumée dans le bol du mixer. Ajoutez l'huile d'olive et mixez à grande vitesse pendant 10 min, puis à petite vitesse pendant 2 min.

Mettez ce mélange dans un bol, au congélateur pendant une journée. Après cette journée passée au congélateur, récupérez l'huile parfumée.

Coupez les burratas en deux.

Coupez finement les tomates.

Dressage : posez la demi-burrata dans l'assiette, recouvrez, en cercle, avec les tranches de tomates. Arrosez d'huile au romarin et parsemez de fleurs de romarin.

ET AUSSI, D'AUTRES AROMATIQUES, POUR DES EMPLOIS SI DIVERS QU'ON A ENVIE DE LES AVOIR TOUTES

Angélique. Une bisannuelle, voire trisannuelle, qui mesure jusqu'à 3 m de haut. À cultiver au soleil, en sol frais. Je confis les tiges et en fais de la confiture, en mélange avec des pommes.

Cerfeuil commun. Une annuelle à semer en sol frais. Annuelle, mais qui se ressème facilement. Offrez-lui un coin à mi-ombre, à vie. Une délicatesse, légèrement anisée, à utiliser toujours crue.

Cerfeuil musqué. *Myrrhis odorata*. Une grande vivace de 80 cm de haut, à installer en massif, à l'ombre et en sol frais. À consommer cru. Je l'adore dans un carpaccio de saint-jacques.

Ciboulette. On ne voit qu'elle lorsqu'elle fleurit les bordures du potager. Mais, en fleurs, elle produit moins de feuilles. Alors, maligne, je ne coupe qu'un pied sur deux. Et lorsqu'un pied a fleuri, hop, je rabats. Ainsi, à tour de rôle… Les fleurs, je les aime pour le décor, mais aussi pour la touche ravissante et fraîche qu'elles donnent aux plats, dispersées au dernier moment.

Hysope. Aussi belle que la lavande lorsqu'elle est en fleurs, elle est séduisante toute l'année, avec son feuillage à odeur de myrrhe.

Lavande. Un sous-arbrisseau grand classique de nos jardins. Quel dommage que cette plante ne fasse pas partie de notre cuisine plus régulièrement. J'utilise les feuilles dans mes plats mijotés, comme le thym. Quant aux fleurs, je les disperse sur mes tartes ou dans les salades de fruits. Et dans les glaces, les crèmes…

Mélisse. Cette vivace, si facile à vivre qu'elle peut en devenir envahissante, s'emploie en tisane, en infusion dans le lait ou dans des bouillons afin de citronner des plats de toutes sortes. Et, bien sûr, les feuilles, ciselées finement, apportent de la fraîcheur aux salades, salées ou de fruits…

Menthe. Les menthes sont des vivaces aux saveurs si différentes suivant les espèces et les variétés que tous les gourmands ont envie de les collectionner. Les gourmands, mais aussi les jardiniers qui jouent avec leur port, leur taille et leurs feuillages si divers.

Mertensia. La fameuse plante huître, une vivace qui étonne toujours autant lorsqu'on la goûte. Il faut fermer les yeux pour profiter complètement de sa texture grasse et de son goût : on a vraiment l'impression de savourer une huître !

Origan. *Origanum vulgare*. Il pousse en touffes de 50 à 70 cm vêtues de petites feuilles caduques très aromatiques. La floraison lilas puis pourpre est non seulement ravissante mais augure de bons petits plats, car elle est tout aussi comestible que le feuillage. Offrez-lui du soleil et un sol drainé, et il vous épatera pendant de longues années.

Persil. On le connaît tous. Annuel ou bisannuel, il se ressème aisément. Ménagez-lui un endroit à vie, comme vous le faites pour le cerfeuil.

Sarriette. Une mignonne plante semi-arbustive à feuillage persistant, qui aime le soleil, un sol drainé… et diffuse toute l'année ses saveurs de garrigue dans nos plats et nos infusions. Il m'est impossible de concocter un tian sans quelques branchettes de sarriette intercalées entre mes légumes !

Thym. Les thyms, rampants ou en touffe, ne sont plus à présenter. Pour mes mitonnages, j'aime utiliser le thym en infusion : une bonne poignée dans un demi-litre d'eau bouillante. Lorsque l'eau est froide, je la verse dans une petite bouteille, que je range au frigo. J'en mets au gré de mes besoins dans des plats en préparation. Et bien sûr, je suis folle des fleurs de thym qui, dès qu'elles sont épanouies, se répandent sur tout ce qui se trouve sur la table.

Verveine citronnelle. Peu rustique, elle tolère –7 °C, à condition que la température remonte dans la journée. Mais ça vaut le coup, soit de pouvoir la cultiver en pot, à rentrer en hiver en serre froide, soit… de racheter un plant chaque année ! En infusion, c'est un délice. À boire ou à utiliser dans des plats.

DES VAGABONDES, POUR LA SANTÉ DU JARDIN

Pour la petite faune, pour la bonne santé du jardin, et pour votre gourmandise, il est nécessaire de conserver les sauvageonnes qui s'invitent dans votre jardin. Laissez-les vivre dans des coins spécifiques, et mangez les comestibles, à condition d'être certain de leur identification !

On fait le tour de ce qui pousse naturellement chez vous ? Mais vous pouvez aussi introduire d'autres plantes sauvages, en récupérant des graines dans la nature ou en vous en procurant chez quelques semenciers spécialisés.

Honneur au pissenlit. Facilement reconnaissable, avec sa rosette de feuilles plaquées au sol et ses grosses fleurs d'or, le pissenlit se consomme cru ou cuit. Il se consomme cru, juste à la fin d'hiver, lorsqu'il est tout jeune, avant l'arrivée des tiges florales, période où il durcit. Mes amis savent que chaque année, en février, je les accueille avec un plat complet, où l'amertume du pissenlit, très rafraîchissante, se marie bien avec quelques lardons fumés poêlés, des œufs mollets, et une pointe d'ail. Pour contrecarrer la saveur amère, je concocte une vinaigrette avec du vinaigre balsamique. Je cuisine parfois les boutons cueillis, lorsqu'ils sont au ras du sol, bien fermes. Ils possèdent un goût de noisette. S'il faut de la patience pour les ramasser, la récompense vient lorsqu'on les déguste, accompagnés d'huile de noisette et de vinaigre balsamique, et agrémentés de lichettes de magret de canard fumé. Mais je ne fais ce plat que pour deux !

Plus tard dans la saison, lorsqu'elles sont devenues coriaces et encore plus amères, les feuilles se mélangent à la salade cuite, agrémentent une soupe ou entrent dans la composition de gâteaux d'herbes.

Quant aux fleurs, elles se cuisinent en omelette, salée ou sucrée. Et elles se prêtent à la confection d'une confiture, que l'on nomme

aussi miel de pissenlit, ou cramaillotte.
Les racines servent à préparer une boisson dont l'amertume rappelle la chicorée.

En deuxième place, voici l'ortie. En soupe, bien sûr, la fameuse soupe que Pierre, de Chédigny, agrémente avec des huîtres (décoquillées !) jetées au dernier moment – un délice, que j'ai eu la chance de goûter. Elle se conjugue aussi en tartes, quiches et autres gâteaux de légumes.

La doucette, ou mâche sauvage, à la saveur si délicate, me ravit chaque année, à la sortie de l'hiver. Chez moi, elle se niche jusque dans les murets en pierres qui entourent mon jardin. C'est avec du saumon fumé que je l'apprécie particulièrement.

Les coquelicots, pour la couleur des pétales dans les plats, pour les boutons que l'on déplie pour en faire des tutus de fées, ou que l'on croque sans vergogne, pour leur saveur si particulière. Pour le sirop et le vinaigre que font les plus patients…

Le silène, qui, au milieu du printemps puis à l'automne, nous offre sa floraison rose vif. Jolie déco de plats. Mais c'est surtout ses jeunes feuilles tendres que j'utilise, en salades ou mélangées avec des légumes feuilles.

Le ou plutôt les plantains. Les feuilles et les épis de fleurs ont une saveur de champignon… dans un deuxième temps, lorsqu'on a dépassé l'amertume.

La berce des bords de chemin, une délicieuse plante où tout se mange, des jeunes pousses aux feuilles, et jusqu'aux graines. Mais justement, parlons des graines. Cette plante fleurissant en somptueuses ombelles blanches, je l'ai introduite dans mon jardin. Aïe ! j'ai fait entrer le loup dans la bergerie, car elle s'est ressemée à outrance. Donc, si vous souhaitez l'adopter, ne la laissez pas monter à graines !

Il y en a quantité d'autres… mais la place me manque ! Vous pouvez trouver des listes très complètes des plantes comestibles et toxiques dans les ouvrages de référence de François Couplan. Nous avons le même éditeur !

ADRESSES UTILES

OÙ ACHETER DES PLANTES

Aoba

Plantes d'ombre et grimpantes.
La Touche au Burgot
35 460 Saint-Ouen-la-Rouërie
Tél. 07 67 30 37 98
www.pepiniere-aoba.com

AH ! La Ferme des Saveurs

Plantes aromatiques et potagères, légumes oubliés, en bio.
33 190 Fossès-et-Baleyssac
Tél. 06 15 47 74 35
www.ah-lafermedessaveurs.com

Arom'antique

Légumes oubliés, plantes à salade, grande collection d'aromatiques cultivés en bio.
26750 Parnans
Tél. 04 75 45 34 92
www.plantearomatique.com

Le Biau Germe

Semences biologiques. Légumes, fleurs, plantes aromatiques et engrais verts.
47360 Montpezat-d'Agenais
Tél. 05 53 95 95 04
www.biaugerme.com

Pépinière Cavatore

Le spécialiste du mimosa.
83 200 Bormes-les-Mimosas
Tél. 04 94 00 40 23
www.mimosa-cavatore.fr

La Ferme de Sainte Marthe

Toute une gamme de semences et plants bio, allant des légumes classiques, jusqu'aux légumes originaux et surprenants.
49 800 Brain-sur-Authion
Tél. 02 41 44 11 77
www.fermedesaintemarthe.com

Germinance

Semences biologiques de légumes.
49 150 Baugé-en-Anjou
Tél. 02 41 82 73 23
www.germinance.com

Le jardin Plume

Vivaces.
76 046 Auzouville-sur-Ry
Tél. 02 35 23 00 01
www.lejardinplume.com

Le jardin d'herbes

Aromatiques, plants potagers.
La cordonnais
35 560 Bazouges-la-Pérouse
Tél. 02 99 97 40 85
www.le-jardin-d-herbes.fr

Lepage Bord de Mer

Vivaces, arbustes, grimpantes.
22 560 Pleumeur-Bodou
Tél. 02 96 47 27 64
www.pepiniere-bretagne.fr

Le Monde des Fougères

Vivaces d'ombre.
955, chemin du puits
06 330 Roquefort-les-Pins
Tél. 04 93 77 63 38
www.pepiniereezavin.com

Les Petits Fruits de Daniel Duret
Producteur spécialisé en petits fruits.
16 360 Le Tâtre
Tél. 05 45 78 48 33
www.petitsfruits.com

Pépinières Delbard
Pépiniériste et obtenteur de variétés nouvelles de fruits.
03 600 Malicorne
Tél. 04 70 64 87 30
www.georgesdelbard.com

La Pépinière du Bosc
Pour trouver des grenadiers, des feijoas, des kiwaïs, des gogis, des ragouminiers, et toute une sélection pour une haie fruitière.
Route de Lodève
34 700 Saint-Privat
Tél. 06 61 65 34 20
www.pepinieredubosc.fr

Pépinière de la Grée
Arbustes.
La Grée
35 134 Thourie
Tél. 06 67 69 61 71
www.le-jardin-de-haute-rive.com

Pépinière Ellébore
Vivaces et bulbes.
La Chamotière
61 360 Saint-Jouin-de-Blavou
Tél. 02 33 83 37 72
www.pepiniere-ellebore.com

Pépinière Mela Rosa
Rosiers et fruitiers.
105, rue du Bois-Tahon
62 140 Grigny
Tél. 03 21 81 75 10
www.melarosa.fr

Pépinières Paquereau Blanchier
Pour découvrir des variétés fruitières de nos anciens.
85 240 Foussais-Payré
Tél. 02 51 51 43 70

Ribanjou
Petits fruits classiques et nombreux arbres ornementaux à baies comestibles.
Zone horticole du Rocher - Briollay
49 125 Tiercé
Tél. 02 41 42 65 19
www.ribanjou.com

Les Roses d'André Eve
Roses anciennes et nouvelles.
301, route de Courcy – Gallerand
45 170 Chilleurs-aux-Bois
Tél. 02 38 30 01 30
www.roses-andre-eve.com

Sous un arbre perché
Vivaces d'ombre.
Kervocu
29 650 Guerlesquin
Tél. 06 15 40 25 87
www.sousunarbreperche.fr

Pépinières Travers
Plantes grimpantes.
Domaine de Bellevue
Chemin des Montées
45 590 Saint-Cyr-en-Val
Tél. 02 38 66 14 90
www.pepinieres-travers.fr

Pépinières botaniques de la Preille
Arbres et arbustes.
7, rue de la pépinière
86 470 Boivre-la-Vallée
Tél. 05 49 57 86 61
www.lapreille.com

REMERCIEMENTS

Xavier, merci pour ta sublime préface.
Merci à Michel Larrieu, notre éditeur patient, et Jeanne Cochin.

Noémie : Je remercie mes enfants, Méline et Nils. Géraldine, Jean-Pierre, Nadine et Christian G. pour leurs photos et précieux conseils. Les amis qui ont souvent essuyé les plâtres : Patrick, Pascal, Gilles, Samuel, Raphaël, Sébastien, Ghislaine, Alain, Amand, Frédéric, Othilie, Sylvie, Christian P., Jean-Christophe, Christine, François, Édouard, Hélène, Guy, Christian L., Linet, Jérôme, Laura, Virginie, Thalie, Duncan… sans oublier Phane (oui, oui, c'est Stéphane, « mon » coauteur), pour son talent, sa passion et sa bonne humeur.

Stéphane : Je remercie Hans, Gaëlle, Étienne, Franck, Philippe, mon épouse Valérie pour avoir accepté mes absences du week-end, Camille et Margaux, les chefs qui m'inspirent, les artisans producteurs qui m'ont aidé avec leurs produits à créer ces recettes. Sans oublier ma pote Noé – qui, à quelques reprises, eut du mal à me canaliser –, pour m'avoir donné l'opportunité d'être présent, de m'avoir ouvert la porte vers la botanique, tout en éveillant mes sens à cet univers de la nature.

Remerciements à la société Ofyr et à La Belle-Iloise

CRÉDITS

Toutes les photographies sont des auteurs sauf :
Page 20 © Géraldine Bouclon
Page 35 © Les Pisci
Page 44 © Alain Gruel
Page 71 © Thierry Le Quay/Biosphoto
Page 74 © Rikuo Natsuume/Oasis/Biosphoto
Pages 88-89 © Ghislaine Gruel
Page 106 © Jardin Peintre André van Beek
Page 107 © Denis Bringard/Biosphoto
Page 114 © Mylène Satis LN
Page 137 en bas © Pascal Heni
Page 141 à gauche © Xavier Mathias
4e de couverture, photo bas © Margaux Houlbert